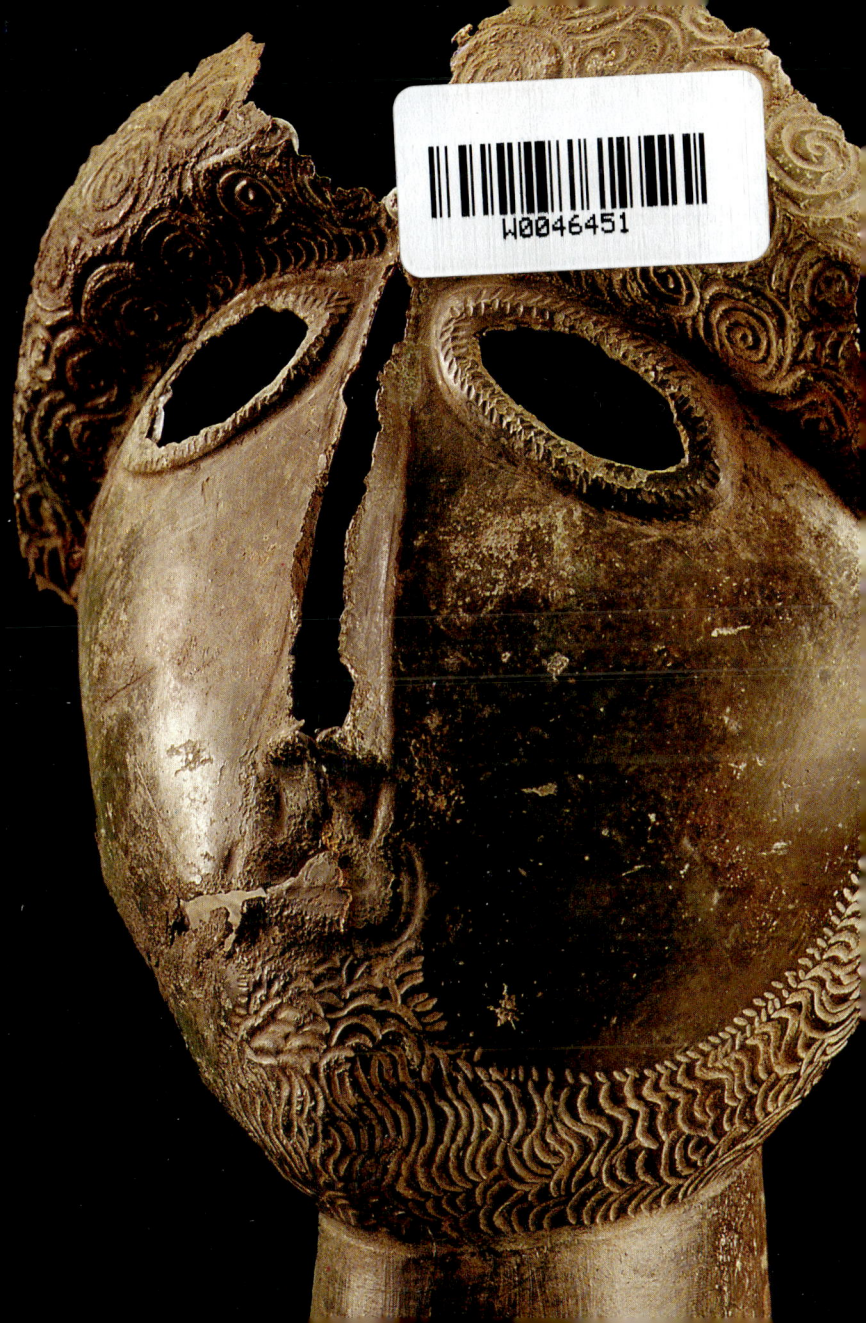

Christiane Éluère ist als Chefkonservatorin der staatlichen Museen Frankreichs zuständig für die prähistorischen Sammlungen im Musée des Antiquités Nationales in Saint-Germain-en-Laye. Seit mehr als einem Jahrzehnt widmet sie sich der archäologisch-naturwissenschaftlichen Erforschung ur- und frühgeschichtlicher Metalltechniken, wobei ihr besonderes Interesse den Edelmetallen gilt. 1987 erschien in deutscher Übersetzung ihre Monographie „Das Gold der Kelten".

Deutsche Textfassung und wissenschaftliche Bearbeitung:
Christoph Roden

Die Deutsche Bibliothek – CIP-Einheitsaufnahme

Die Kelten / Christiane Éluère.
Dt. Textfassung und wiss. Bearb.: Christoph Roden.
Red. der dt. Fassung: Ursula Behrendt-Roden. –
Dt. Erstausg. – Ravensburg: Ravensburger Buchverl., 1994
(Abenteuer Geschichte; 44) (Ravensburger Taschenbuch)
Einheitssacht.: L'Europe des Celtes <dt.>
ISBN 3-473-51044-0
NE: Éluère, Christiane; Roden, Christoph [Bearb.];
Behrendt-Roden, Ursula [Red.]; EST; 1. GT

ABENTEUER GESCHICHTE

Deutsche Erstausgabe als Ravensburger Taschenbuch
© 1994 Ravensburger Buchverlag Otto Maier GmbH

Die Originalausgabe erschien unter dem Titel
„L'Europe des Celtes"
© 1992 Editions Gallimard, Paris

Redaktion der deutschen Fassung: Ursula Behrendt-Roden

Alle Rechte dieser Ausgabe vorbehalten durch
Ravensburger Buchverlag Otto Maier GmbH
Satz: Eduard Weishaupt, Meckenbeuren
Printed in Italy by Soc. Editoriale Libraria

5 4 3 2 1   98 97 96 95 94

ISBN 3-473-51044-0

DIE KELTEN

Christiane Éluère

Ravensburger Buchverlag

SEPVLTVRE
DE LA MOTTE St VALENTIN
COVRCELLES EN MONTAGNE (H.MARNE)
DECOVVERTE PAR Henri MILLON
XIX IVIN MDCCCLXXIX

ERSTES KAPITEL

HERRSCHER UND KRIEGER

In der Abenddämmerung der Bronzezeit, zu Beginn der historischen Überlieferung, erscheinen sie: die Vorfahren der Kelten. Als Reiter mit Langschwertern verkörpern sie eine neue Form der Macht, die auf der Beherrschung des Eisens beruht. Von den kostbaren Waffen, die sie aus dem neuen Metall fertigen, trennen sie sich nicht einmal im Tode.

In den Gräbern der Keltenfürsten, wie hier im Grabhügel La Motte-Saint-Valentin bei Courcelles-en-Montagne (Haute-Marne, links), häufen sich die Symbole der Macht und die Beispiele eines Geschmacks, der auf mediterranen Vorbildern beruht: In einem etruskischen *Stamnos* * mischt man den Wein, um ihn dann stilgerecht in einem attischen Kantharos zu kredenzen. An italischen Vorbildern orientiert sich auch die Kleinplastik, wie diese Statuette aus dem Gräberfeld von Hallstatt (Österreich).

* *kursive Begriffe* siehe Glossar Seite 179.

1771 erregt ein sensationeller Fund, der mit 30 kg
Münzen und einem Goldring gefüllte Kupfer-
kessel von Podmokoly, das Interesse zahlreicher
Gelehrter. Während sich das ganze vorroman-
tische Europa gerade für die Legende vom blinden
Barden Ossian, einen Poeten des 3. Jahrhunderts
n. Chr., begeistert, dem der Schotte James Macpherson (nicht uneigennützig) zu erheblichem
Ansehen verholfen hat, entsteht durch die
erwachende wissenschaftliche Numismatik ein
neues Faible für die Kelten.

Im Verlaufe des 19. Jahrhunderts entwickelt
dann die prähistorische Archäologie ihr wissen-
schaftliches Gerüst. Bald steht fest: Die Spuren
keltischer Vergangenheit
erstrecken sich von den Britischen Inseln bis zu den Karpaten:
Angesichts der Fülle von Boden-
urkunden verlieren die antiken
Schriftquellen, so zahlreich
und präzis sie auch erscheinen,
einen Teil ihrer Bedeutung.

Hallstatt und La Tène

Seit 1824 mehren sich in
Hallstatt (Oberösterreich)
die Hinweise auf ein großes
eisenzeitliches Gräberfeld.
Das zugehörige Salzbergwerk
ist seit 1311 wieder in Betrieb,
und oft ist man hier schon
unter Tage den Spuren des
„Alten Mannes" begegnet.
Wenig später entdeckt man
bei Ausgrabungen am Rande
des Neuenburger Sees bei
La Tène (Schweiz) eine große
Anzahl von Waffen und
zahlreiche weitere Gegen-
stände. Auf Vorschlag des
schwedischen Archäologen
Bror Emil Hildebrand wer-
den diese beiden Fundstätten
zu „eponymen" Stationen

Noch im Jahr der
Entdeckung des
Hortfundes von Pod-
mokoly entsteht dieser
Stich des Kupferkessels.
Die Zeichnung zeigt das
Metallgefäß zusammen
mit einigen Münzen
und einem großen tor-
dierten Halsring, dem
typischen Schmuck
keltischer Krieger und
Gottheiten.

Um 1608 entsteht
die älteste erhaltene
Zeichnung der Sand-
steinsäule von Pfalzfeld
(Rheinland-Pfalz).
Die ursprünglich wohl
2,50 m hohe Kultsäule
wurde zwischen 450 und
350 v. Chr. angefertigt,
aber erst mehr als
300 Jahre nach ihrer
Auffindung unter Denk-
malschutz gestellt.
Heute mißt sie nur noch
1,48 m. Verloren ist die
Spitze der Säule, die
nach Aussage der ersten
Berichterstatter in einen
Kopf auslief. Der phal-
lische Charakter der
Säule ist augenfällig.

Tief im Herzen des Salzkammerguts und weitab moderner Verkehrswege liegt die kleine oberösterreichische Gemeinde Hallstatt. Trotz des noch heute rauhen und unwirtlichen Klimas bestand hier im 7. – 5. Jahrhundert v. Chr. eine Siedlung, die dank der Erträge aus dem Steinsalzbergbau, dem der heutige Ort seinen Namen verdankt (Hall = Salz), alle Bedingungen zur Entfaltung einer neuen Kultur bot. Ihren archäologischen Niederschlag fand diese Kultur in einem Gräberfeld mit über 2 000 z.T. sehr reichen Bestattungen.

erklärt, d. h. seit 1874 benennt man nach ihnen den älteren bzw. den jüngeren Abschnitt der Eisenzeit.

Bis zum Ende des Jahrhunderts untersucht man in Süddeutschland, der Schweiz und in Ostfrankreich zahlreiche Grabhügel, die zum Teil außerordentlich reiche Bestattungen enthalten und einander in der Ausstattung oft entsprechen.

Vor dem Hintergrund weiterer bedeutender Grabfunde in Griechenland und Italien drängt sich den Ausgräbern nördlich der Alpen der Eindruck auf, die Gräber einer adeligen Führungsschicht entdeckt zu haben. Man gibt ihnen den Namen „Fürstengräber" und deutet sie als Belege für eine parallele Entwicklung der eisenzeitlichen Gemeinschaften in Süd- und Mitteleuropa.

Mit 2 500 Fundstücken (166 Schwerter, 269 Lanzenspitzen, Überreste von 27 Holzschilden, annähernd 400 Fibeln, zahlreiche Münzen, Erntegeräte, Wagenteile und Holzgefäße) zählt die Station von La Tène am Ausfluß des Neuenburger Sees (Schweiz) auch heute noch zu den bedeutendsten Fundstellen der späten Eisenzeit, der sogenannten Latènezeit. Schlachtfeld, Siedlungs- oder Opferplatz? Vieles spricht für die letzte Annahme, denn unter den zahlreichen Menschenresten fand sich auch ein Skelett mit einer Hanfschlinge um den Hals, möglicherweise ein Menschenopfer für eine der keltischen Wassergottheiten.

Moderne Methoden der Archäologie

Ein rekonstruiertes Bodendenkmal: der ältereisenzeitliche Grabhügel von Kilchberg.

Weitere Untersuchungen keltischer Gräber in den letzten Jahrzehnten bringen sensationelle Entdeckungen an den Tag. Zu ihnen zählt zweifelsfrei das außergewöhnlich reich ausgestattete Grab der Prinzessin von Vix (Côte-d'Or, Frankreich) mit seinem gewaltigen *Bronzekrater*, dessen Ausgrabung im Jahre 1953 zu einer Sternstunde der Archäologie wird.

Ausgraben bedeutet aber immer auch zerstören: Um ein Maximum an Informationen zu gewinnen, verlagert man bald wichtige Teiluntersuchungen in die Werkstätten der Restauratoren und in naturwissenschaftliche Laboratorien. Das 1978 untersuchte Fürstengrab von Eberdingen-Hochdorf gilt in diesem Sinne als ein Paradebeispiel moderner Ausgrabungs- und Restaurierungstechnik.

Unter ähnlichen Vorzeichen verfeinern sich die Methoden der Siedlungsarchäologie, etwa auf der Heuneburg an der Donau, im *Oppidum* von Manching und am Mont Beuvray. Auch bei der Untersuchung der keltischen Heiligtümer Entremont, Roquepertuse, Gournay-sur-Aronde in Frankreich, Snettisham in Norfolk und Fellbach-Schmiden in Baden-Württemberg folgt man zunehmend diesen neuen Ansätzen: Die *Dendrochronologie* erlaubt die aufs Jahr, zuweilen auf die Jahreszeit genaue Datierung der Holzfunde. Paläobotaniker untersuchen die Pflanzenreste, Mineralogen und Archäometallurgen erforschen die Zusammensetzung der mineralischen und metallischen

Artefakte, Chemiker deuten Gefäßinhalte und Gruben-
füllungen …

Urgeschichte und Urnenfelder

1836 veröffentlicht der Däne Christian Jürgensen Thomsen
(1788 – 1865) einen „Leitfaden zur Nordischen Alterthums-
kunde", in dem er erstmals die scheinbar unübersichtliche
Menge prähistorischer Funde einer groben Gliederung in
drei Stufen unterzieht. Seine Gliederung in Stein-, Bronze-
und Eisenzeit ist von entscheidender Bedeutung, um so
mehr, als er die scheinbar scharf voneinander abgrenzbaren
Perioden nicht schematisch betrachtet, sondern regional
abweichende Abläufe für wahrscheinlich hält. Doch wo
lassen sich innerhalb dieses groben Rasters die
„ersten" Kelten einordnen?

Es hat nicht an Versuchen
gefehlt, sie bis in die jüngere
Steinzeit zurückzuverfolgen.
Doch auch die spätbronze-
zeitliche *Urnenfelderkultur*
wurde bemüht und mit
ihr die Theorie von
„protokeltischen" Erobe-
rern aus dem Osten. Zur
Zeit nimmt man an, daß
die Kelten jenen Populatio-
nen entstammen, die
bereits während der
Bronzezeit in Europa sie-
delten, doch gibt es auch
nicht wenige Stimmen, die
jede Erweiterung keltischer
Vergangenheit über den historisch belegten Rahmen hinaus
für archäologisch nicht ver-
tretbar halten.

Am Ende der Bronzezeit

Während der Urnenfelderzeit
(12. – 9. Jahrhundert v. Chr.)
läßt sich die führende gesellschaftliche Rolle der Krieger
anhand der Grabfunde nur

Bereits zwei bis drei Jahrhunderte vor dem Zeitalter der Keltenfürsten existieren Statussymbole, die die Prachtentfaltung des 6. Jahrhunderts anzukündigen scheinen: Beispielhaft sind die Wagendarstellung auf einer Graburne von Sublaines (Indre-et-Loire) oder der Paradepanzer von Marmesse (Haute-Marne). Andere Funde, wie dieses Pektorale aus dem Jura (oben), verbinden mit ihren traditionellen Vögel- und Radmotiven die Bronzezeit mit der späteren Üppigkeit des keltischen Schmucks.

unvollkommen rekonstruieren. Der überwiegende Teil ihrer Waffen stammt aus Gewässern und nicht aus Gräbern. Er wurde also dem Gebrauch aus zweifelsfrei kultischen Gründen vorsätzlich entzogen. Dank der günstigen klimatischen Bedingungen erschloß man innerhalb des angestammten Siedlungsgebietes neue Flächen, etwa in den mittleren Höhenlagen und in unmittelbarer Nähe von Seen und Flüssen. Aus diesen Seeufersiedlungen stammen die sogenannten „Pfahlbaubronzen" der Schweiz und Frankreichs, die man seit der Mitte des 19. Jahrhunderts bei niedrigem Wasserstand beim Durchwühlen der alten Siedlungsflächen entdeckte und mit denen man bald einen schwunghaften Handel betrieb. Diese Siedlungen finden in den Jahren um 850 v. Chr. ein jähes Ende, und es gibt zahlreiche Hinweise, daß sie gebrandschatzt wurden.

Als Indiz für eine zunehmende Stimmung der Unsicherheit wertet man auch Siedlungsfunde in abseits gelegenen Höhlen. Gleichzeitig verschlechtert sich das Klima: Es wird kühler und feuchter, eine Tendenz, die bis zum 6. Jahrhundert anhalten wird. Aus unbekannten Gründen nehmen die Handelsbeziehungen ab, worunter auch die Warenproduktion leidet. Das vorher blühende Goldhandwerk verkümmert. Bronzen werden von den Metallhandwerkern häufig wiederverwendet oder aber in Schätzen gehortet und vergraben. Es herrscht eine ökonomische Krise, eine Krise der Gesellschaft.

Diese kleine gegossene Bronzefigur eines Reiters schmückt ein Prunkbeil aus Hallstatt.

Reiter- und Rinderdarstellungen sind ein wichtiger Bestandteil des Motivschatzes der älteren Eisenzeit, der sich unter direktem Einfluß Oberitaliens durch Handel, Importe, religiöse und künstlerische Beziehungen am Nordrand der Alpen entwickelt.

Die neue Klasse der Reiter

Bald gibt es jedoch erste Hinweise auf die Manifestation einer bislang unbekannten Ordnungsmacht: die der Ritter mit Langschwertern. Man entdeckt diese Waffen hauptsächlich als Weihe- oder Opferfunde, zuweilen aber auch in Verbindung mit anderen Gegenständen, wie Trinkgeschirr und exotischen Importstücken, in Wagengräbern und zusammen mit Goldfunden.

Im Jahre 1987 birgt man im Grabhügel Géraud bei Saint-Romain-de-Jalionas eine Bestattung des 9.–8. Jahrhunderts, deren Beigabenkombination die der reichen

Aus einem der jüngsten Gräber (400–350 v. Chr.) des Gräberfeldes von Hallstatt stammt diese reich verzierte Schwertscheide aus Bronze und Eisen. Die zentrale Szene auf der bronzenen Schauseite zeigt drei Fußsoldaten mit ovalem Schild und jeweils einer Lanze sowie vier mit längeren Lanzen bewaffnete Reiter, von denen einer

Gräber des 6. Jahrhunderts vorwegnimmt. Zwar wird der Krieger ohne Wagen bestattet, doch erhält er sein bronzenes Langschwert, Goldschmuck und ein bronzenes Trinkgeschirr, mithin Gegenstände, die man in der Regel nur unter den Weihe- und Opfergaben der späten Bronzezeit erwartete. Mit der Hallstattzeit beginnt sich der soziale Status der Bestatteten wieder verstärkt in den Gräbern zu offenbaren: Wagengräber oder Pferdegeschirr deuten die Mobilität der neuen Klasse an.

noch ein Schwert mit sich führt. Die Reiter tragen einen halbkugeligen Helm, einen Panzer mit kurzem Rock, der eine Art Hose bedeckt, und Schnabelschuhe. Die Szene wird beidseitig durch zwei Männer an einem Rad begrenzt.

Frühe Schwerter aus Eisen

Eiserne Gegenstände sind während der Urnenfelderzeit außerordentlich selten. Ihre hohe Wertschätzung läßt sich aber daran erkennen, daß die oft unscheinbaren Geräte aus Gräbern stammen, obwohl die Mitgabe von Werkzeugen wie Meißel und Pfriemen sonst nicht üblich war. Im 9. und 8. Jahrhundert v. Chr. nimmt die Zahl der Eisenfunde zu. Unter ihnen befinden sich auch die ersten eisernen Schwerter, doch erlebt erst das 7. Jahrhundert die volle Blüte der Eisenindustrie, während die Bronze, insbesondere bei der Herstellung von Waffen und Werkzeugen, immer weniger Verwendung findet.

Eisen wird zu dieser Zeit sicherlich aus einheimischen Erzen gewonnen, wenn auch die Spuren dieser Tätigkeit außerordentlich spärlich sind. Dennoch bleibt es kostbar, da die meisten Eisenfunde wiederum aus Gräbern stammen. Auf dem Gräberfeld von Hallstatt weisen zudem mehrere Eisenschwerter durch ihre reiche Verzierung auf die privilegierte Stellung ihrer Eigentümer hin: Man belegt den Schwertknauf mit Blattgold oder fertigt ihn aus Elfenbein, das man kunstvoll verziert und mit Bernsteineinlagen versieht.

Die eisernen Schwerter von Hallstatt sind Beleg für eine soziale und wirtschaftliche Entwicklung, die auf einem mineralischen Rohstoff beruht, der heute eher gedankenlos konsumiert wird: Salz. Um so überraschender ist es, daß sich auf dem großen Gräberfeld kein Grab eines Salzbergmanns durch entsprechend eindeutige Werkzeugbeigaben zu erkennen gibt.

Dieser zylindrische Eimer von annähernd 35 cm Höhe stammt aus Magny-Lambert (Côte-d'Or). Die zahlreichen herausgetriebenen Wülste kennzeichnen das Gefäß als „ciste a cordoni" (ital.), als Rippenciste. Diese Gefäßform findet während der älteren Eisenzeit nördlich der Alpen und in Italien weite Verbreitung.

Die eisernen Langschwerter (rechts) imitieren Bronzeklingen und werden als Hiebwaffen eingesetzt. Ihre Griffe aus organischem Material schmücken kostbare Einlegearbeiten aus Elfenbein, Bernstein und Gold.

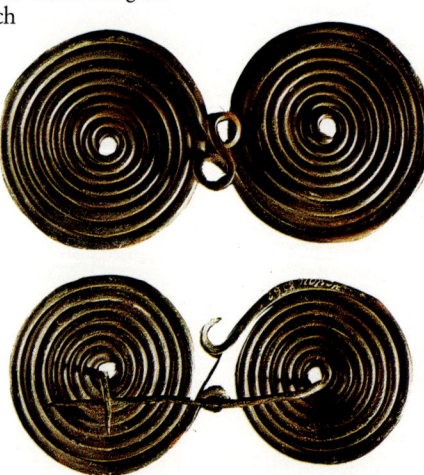

Doppelspiralfibeln fixieren im 7. Jahrhundert v. Chr. die Kleidung reicher Hallstätter.

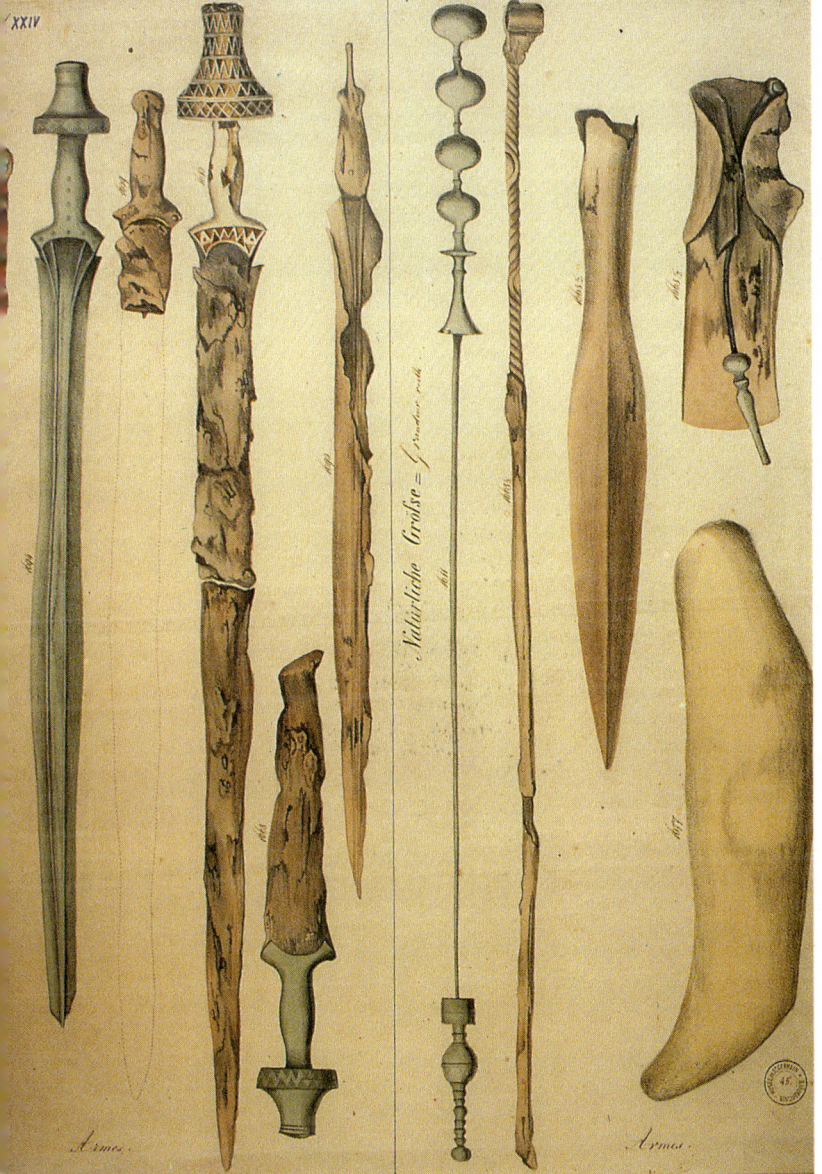

Die Herren des weißen Goldes

Im *birituellen* Gräberfeld von Hallstatt stammen die meisten der 2 000 Gräber aus dem 7. und 6. Jahrhundert v. Chr. Körperbestattungen sind etwas häufiger als Brandbestattungen, doch enthalten letztere in der Regel reichere Beigaben. Kriegergräber repräsentieren nicht mehr als ein Viertel der Bestattungen, und nur in 19 von ihnen finden sich während des 8. und 7. Jahrhunderts v. Chr. Schwerter und Paradebeile als Beigaben. In den Frauengräbern kommen häufig *Klapperschmuck* und voluminöse *Fibeln* vor, die für den üppigen Geschmack der Epoche typisch sind. Die reichsten Bestattungen besitzen oft eindrucksvolle Sätze von Bronzegefäßen, wie z.B. Eimer, *Situlen*, Becken und Tassen.

Hallstatt mit seinem Salzbergwerk bietet einer Fülle von Menschen Beschäftigung und ein gutes Auskommen. Allein für den Bergbau muß mit einer großen Zahl von Zulieferern gerechnet werden, etwa mit Holzfällern, Flößern und Transportunternehmern. Auch für die Herstellung der im Bergbau verwendeten Werkzeuge sind wahrscheinlich Spezialisten zuständig. Vom Produkt der Grube profitieren zweifelsfrei Salzhändler in besonderem Maße. Letztlich müssen Söldner den Ort, der dank des Handels mit zahlreichen Regionen in Verbindung steht, vor Überfällen schützen.

Konserviert im Salz

Seit den Anfängen der Seßhaftigkeit ist Salz ein begehrter Rohstoff, der allerdings in weiten Regionen Europas nur durch Handel bezogen werden kann. Es dient nur in geringem Umfang als Würzmittel, sondern wird hauptsächlich als Konservierungsmittel für Fleisch verwendet. Man gewinnt es über Jahrtausende durch das Eindampfen natürlicher Solevorkommen, in erster Linie aus Meerwasser, wie etwa an den Küsten Englands und der Bretagne. Abseits der Meeresufer nutzt man in ähnlich großem Umfang salzhaltige Quellen. Ein bedeutendes Zentrum vorgeschichtlicher Salzgewinnung existiert beispielsweise seit der Bronzezeit bei Halle a. d. Saale (Sachsen).

In außergewöhnlich gutem Erhaltungszustand befinden sich die im Salz konservierten Kleidungsstücke der alten Bergleute vom Dürrnberg über Hallein (Salzburg). Doch nicht nur Schuhe (unten) oder Mützen, die man aus sorgfältig vernähten Kalbslederstücken fertigte, blieben erhalten: Zweimal, 1573 und 1616, entdeckte man in den durch Gebirgsdruck wieder geschlossenen Grubenräumen der Eisenzeit, dem sog. „Heidengebirge", die Leichen von Bergleuten, von denen der erste „mit Fleisch, Bein, Haar, Bart und Kleidung gantz unverwesen, jedoch etwas breitgeschlagen, am Fleisch ganz geselcht, gelb und hart wie ein Stockfisch" war.

Der Luft ausgesetzt, gingen sie nach nur wenigen Wochen in Verwesung über.

In Österreich und Deutschland geben sich zahlreiche in der Eisenzeit stark besiedelte Salzorte bereits durch ihren Namen zu erkennen. Die Silbe „Hall" (= Salz), vom griechischen „háls", ebenso aber auch im kymrischen „halen" oder altkornischen „haloin", findet sich nicht nur in „Hallstatt" (= Salzstätte), sondern auch in „Bad Reichenhall", „Schwäbisch Hall", „Hall i. Tirol" und „Hallein".

Der Bergbau von Hallstatt begann zwischen 1000 und 800, der in der „Filiale" Hallein, die Hallstatt bald überflügeln sollte, um 700 v. Chr. In beiden Steinsalzgruben werden noch heute, mehrere Jahrhunderte nach Aufnahme der modernen Abbauarbeiten, Spuren des *Alten Mannes*, Hinterlassenschaften der prähistorischen Bergleute, angetroffen. Doch allein in Hallstatt war es bislang möglich, diese einzigartigen Funde mit modernen Verfahren zu dokumentieren.

Die Großherzogin von Mecklenburg ist in das Gräberfeld von Hallstatt regelrecht vernarrt und erhält schließlich von Kaiser Franz Josef die Erlaubnis, Ausgrabungen durchführen zu dürfen. Man sieht sie hier, umgeben von Hilfskräften, bei der Aufdeckung eines Grabes im Jahre 1907.

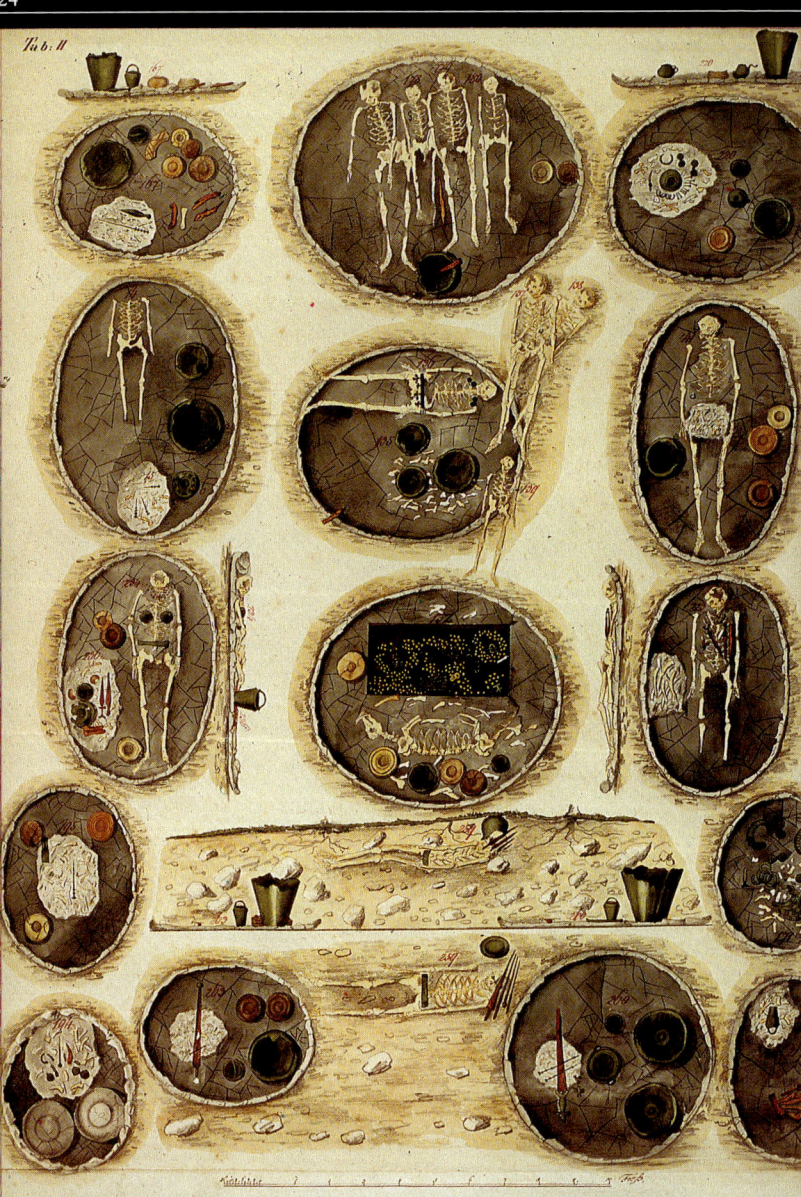

Tab. II

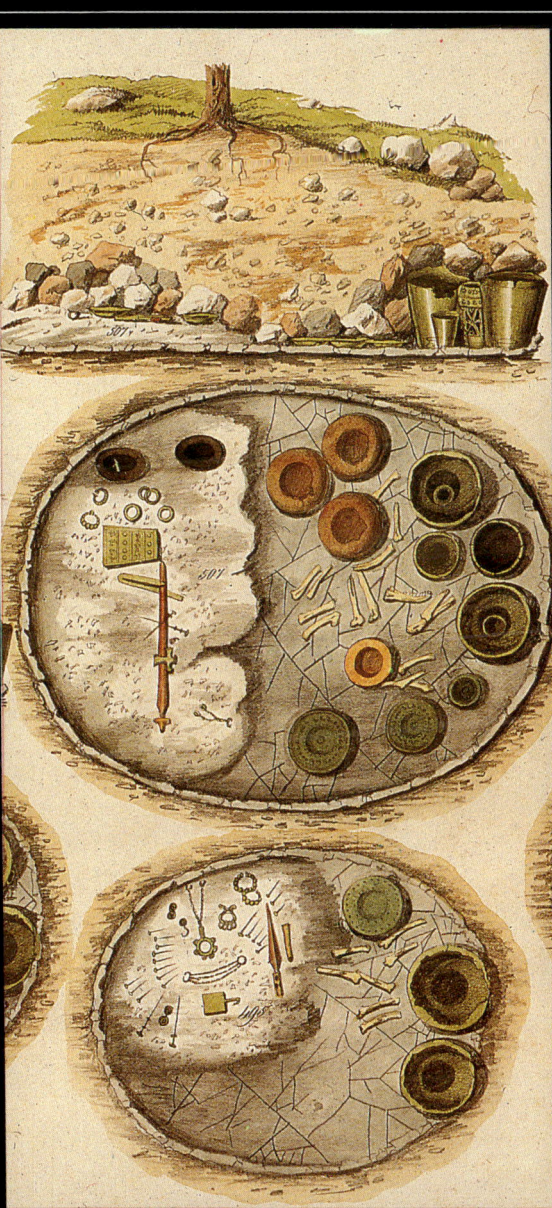

Ein leidenschaftlicher Ausgräber

Für den Bergrat Johann Georg Ramsauer ist das Gräberfeld von Hallstatt, das er entdeckt und auf dem er seit 1846 Ausgrabungen durchführt, mehr als ein Abenteuerspielplatz besonderer Natur. In fast zwei Jahrzehnten öffnet er 980 Gräber und birgt 19 497 Fundstücke. Er dokumentiert seine Beobachtungen in Briefen, Notizbüchern und einem leider verschollenem Grabungstagebuch. Sein Freund Isidor Engel erstellt dazu detaillierte Aquarelle. Die Ausgrabungen locken bald zahlreiche Schaulustige an, unter ihnen Kaiser Franz Josef und Kaiserin Elisabeth („Sissi"), die 1856 persönlich bei der Öffnung des Grabes 507 (links) assistieren. Ramsauer hat keine archäologische Ausbildung, steht aber mit dem Museum in Linz und der Antikensammlung in Wien in Verbindung. Vorschüsse auf Grabungskosten und nicht zuletzt seine 24 Kinder zehren am familiären Budget. So kommt es vor, das einige Fundstücke von Ramsauer selbst, seiner Frau und seinen Mitarbeitern an durchreisende Touristen verkauft, oder aber an prominente Besucher verschenkt werden. Dies erklärt, warum noch heute Funde aus Hallstatt in den Museen der ganzen Welt „ausgegraben" werden können.

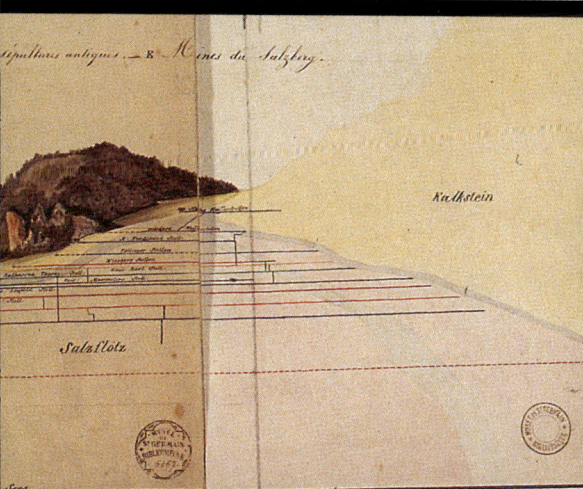

Spuren des „Alten Mannes"

Oft sind es nur dicke Schichten von abgebrannten Kienspänen, die den *Montanarchäologen* im Hallstätter Salzberg darauf hinweisen, daß er sich vor „Heidengebirge", den Stollen der prähistorischen Bergleute befindet, denn nach mehr als zwei Jahrtausenden haben sich die alten Grubenräume im plastischen Gebirge wieder vollständig geschlossen. Dank der Berichte früherer Bergmeister lassen sich jedoch die über Jahrhunderte angetroffenen Spuren des „Alten Mannes" miteinander in Beziehung setzen und in ältere Pläne (links) einbinden. Die Gesamtlänge der häufig mehr als 5 m breiten Stollen, die eine Abbaufläche von 160 000 m² erschlossen und bis in 330 m Tiefe reichten, betrug demnach 3 – 4 km. Im antibakteriellen Milieu der salzführenden Schichten blieben zahllose Funde aus organischem Material erhalten. Dazu zählen nicht nur die Kienspanfackeln, die hölzernen Schäfte der Abbaupicken und die ledernen Tragkörbe, sondern auch Teile der Bergmannskleidung, ja selbst Nissen und Parasiten.

ZWEITES KAPITEL

DIE ZEIT DER ERSTEN KELTENFÜRSTEN

Im 6. Jahrhundert v. Chr. etablieren sich die frühen Kelten zwischen Burgund und Österreich. Ihre Kultur ist offen für die Welt der Mittelmeerraumes. Wein aus Griechenland oder Etrurien und die mit ihm verbundenen Trinksitten inspirieren die Goldschmiede und Kunsthandwerker, die ihre Helden in den Rang von Göttern heben.

Ob als tanzende Krieger, wie hier auf der Bronzekline des Fürsten von Hochdorf (links), oder als Statuen in natürlicher Größe, wie vom Grabhügel von Hirschlanden (rechts): Das Motiv des heldenhaften Kriegers prägt zahlreiche keltische Männerbestattungen. Zu den spezifischen Attributen zählen der konische Hut, ein goldener Halsring, Gürtel und Dolch, aber auch der erigierte Phallus, der besonders häufig bei den Totenstelen zu beobachten ist.

Um 600 v. Chr. gründen die Phokaier, seit dem 10. Jahrhundert v. Chr. in Kleinasien siedelnde Griechen, Massalia (Marseille) als Ausgangspunkt für ihre Kolonisation der französischen Mittelmeerküste. In diese Zeit fällt auch die Herausbildung der ersten Zentren keltischer Kultur. Sie entstehen innerhalb eines großen Gebiets im Westen Mitteleuropas, in einem Raum, der sich während des gesamten 6. Jahrhunderts v. Chr. durch seinen großen Reichtum und die Dynamik seiner Kultur auszeichnen wird. Vom Burgund bis Österreich herrscht bald eine einheitliche Organisationsform. Die bedeutendsten Persönlichkeiten dieser Gesellschaft sind die Fürsten, die sich, geschmückt mit goldenen Halsringen, in Wagengräbern unter großen Erdhügeln bestatten lassen.

Schon bald sind die Kelten den Griechen bekannt: Erstmals erwähnt sie um 500 v. Chr. Hekataios von Milet, ein ionischer Geograph, als Nachbarn der Ligurer für den Raum nördlich von Marseille. Sein nur in Fragmenten überliefertes Werk ist 50 Jahre später eine wichtige Quelle für Herodot, der von Siedlungsgebieten der Kelten am Oberlauf der Donau und jenseits der Säulen des Herakles (Gibraltar) erfahren hat.

Reiche Fürstensitze nördlich der Alpen

Eines der bedeutendsten Merkmale der neuen Gesellschaft ist die Anlage von befestigten, weite Landstriche beherrschenden Höhensiedlungen, unter denen ein Dutzend wahrscheinlich die Sitze von Fürsten oder Territorialherren repräsentieren. Von hier aus nehmen sie nicht nur ihre Schlüsselrolle als wirtschaftliche und politische Führer für den eigenen Herrschaftsbereich wahr, sondern haben darüber hinaus auch Anteil an der Gründung einer mächtigen Föderation von Gemeinschaften in Süddeutschland,

Eindrucksvoll beherrscht der Hohenasperg die ihn umgebende Ebene. Von dem 100 m hohen Zeugenberg besteht Sichtverbindung zu den zahlreichen keltischen Fürstengräbern in der Umgebung, so auch zum Grab des Fürsten von Hochdorf, der hier wahrscheinlich residierte.

Bylany

Würzburg

Závist

Les Jogasses

Hochdorf

Hohenasperg
Bad Cannstatt
Hirschlanden

Hohmichele

Heuneburg

Vix

Magdalenenberg

Vilsingen

Dürrnberg   Hallstatt

ourges

Chassey

Camp
du Château

Ins

Grächwil

Bragny

Châtillon-sur-Glâne

Como

Golasecca

Adria

Mantua

Spina

Le Pègue

Felsina

Massalia

Rom

Ostfrankreich und der Schweiz.
Zu erwähnen sind unter den
bekannteren Siedlungen der
Hohenasperg bei Stuttgart
und die Heuneburg, der Üetliberg bei Zürich, Châtillon-sur-
Glâne bei Freiburg (Schweiz), für
Frankreich der Britzgyberg bei Ill-
furth (Haut-Rhin), Saxon-Sion (Vos-
ges), der Mont Lassois (Côte-d'Or),
Gray-sur-Saône (Haute-Saône) und

Die Zentren der
Macht sind in der
Regel auch Zentren des
Handels. Amphoren-
funde bezeugen den im
6. Jahrhundert v. Chr.
aufblühenden Handel
mit Öl und Wein, der
die Saumpfade über die
Alpen oder die Wege
entlang der Rhone und
Saône nutzt.

das Camp du Château bei Salins-les-Bains (Doubs) sowie einige andere.

Auch im Flachland hat man in letzter Zeit Siedlungen entdeckt, deren Funde dem Material der Höhensiedlungen, besonders im Hinblick auf die Importe aus dem Mittelmeerraum, entsprechen. Es handelt sich wahrscheinlich um Umschlagplätze, wie etwa in Bragny-sur-Loire (Saône-et-Loire), oder um eine andere Form fürstlicher Niederlassungen, wie in Bourges, wo man bereits im letzten Jahrhundert zahlreiche bedeutende Gräber mit importiertem Bronzegeschirr lokalisieren konnte.

Einige Aspekte der früheisenzeitlichen Zivilisation sind besonders aufsehenerregend, etwa die neue verschwenderische Fülle exotischer Erzeugnisse aus dem Süden, das komplexe und feierliche Bestattungsritual und die starke Personalisierung der Herrschaft.

Über die Anwesen der Herrscher läßt sich allerdings nur wenig in Erfahrung bringen, da man sie bislang bei den Ausgrabungen der Fürstensitze nicht eindeutig identifizieren konnte, denn die von der Norm abweichende Größe eines Hauses stellt allein kein Indiz für eine entsprechende Nutzung dar. Mit einigen hundert Quadratmetern Grundfläche möchte man aber einem Großbau in der Außensiedlung der Heuneburg am ehesten eine derartige Funktion zugestehen.

Die Heuneburg: Faszination des Südens

Unter den Fürstensitzen ist die Heuneburg, besonders was ihre außergewöhnliche Befestigung betrifft, am intensivsten untersucht worden. Die Mauer aus dem 6. Jahrhundert v. Chr. bietet ein mehr als erstaunliches Bild: Sie ruht auf einem Sockel aus grob behauenen Kalksteinen, besteht aus Lehmziegeln und zeigt eine Reihe rechteckiger Wachtürme, die durchschnittlich 8 m aus der Mauer hervorspringen.

Diese bereits 1851 unweit von Bern in Grächwil entdeckte *Hydria* stammt wahrscheinlich aus einer der mit Lakonien und Kreta in Kontakt stehenden Kolonien Großgriechenlands und wurde um 570 v. Chr. hergestellt. Auf der Gefäßschulter steht die geflügelte Gebieterin der Tiere, die, wie Artemis bei den Griechen, an altorientalische Symbole der Fruchtbarkeit und Unsterblichkeit erinnert.

Eine derartige Bau- und Befestigungstechnik ist nördlich der Alpen völlig ungewöhnlich, im Mittelmeerraum aber geläufig. Ist die Mauer das Werk eines griechischen Baumeisters oder aber die Leistung eines Kelten, der seine Ausbildung südlich der Alpen erhielt? Zahlreiche Funde belegen jedenfalls die intensiven Südbeziehungen der Heuneburgherren: Neben attisch-schwarzfiguriger Keramik finden sich Amphoren und etruskische Produkte. Das lokale Handwerk reagiert auf die neuen Einflüsse: Bronzegießer reproduzieren oder reparieren importierte Gegenstände, was durch die Gußform für die *Attasche* einer etruskischen Bronzekanne bezeugt wird. Werden hier nur fremde Formen und Techniken aufgegriffen oder aber fremde Metallhandwerker eingesetzt?

Hoch über dem Nordufer der Donau liegt die Heuneburg bei Hundersingen. Elf große Grabhügel umgeben sie in einem Umkreis von nur 5 km. Spektakulärster Befund: rechteckige Wachtürme und eine 600 m lange Mauer aus Lehmziegeln (rechts), die im 6. Jahrhundert v. Chr. errichtet wurden und nördlich der Alpen kein Gegenstück besitzen. Woher stammten der Architekt, woher der Bronzegießer, der hier eine Gußform für den Kopf eines *Silen* (links) herstellte? Waren es Kelten, die ihre im Süden erworbenen Kenntnisse hier einsetzten?

Die würdigen Bestattungen der Fürsten

Mit einem Durchmesser von 100 m gilt der Magdalenenberg am Fuße der Ostabdachung des Schwarzwaldes bei Villingen-Schwenningen als der größte Grabhügel der frühen Eisenzeit. Wie beim Hohmichele, dem ältesten Großgrabhügel der Heuneburgherren, wurde das Zentralgrab auch hier bereits wenige Jahrzehnte nach der Bestattung des Grabherrn beraubt. Für den Magdalenenberg lassen sich dank der besonders gut erhaltenen Holzfunde dafür sogar absolute Daten angeben. So wurden die Eichenstämme für die zentrale Grabkammer in der zweiten Hälfte des Jahres 622 v. Chr. geschlagen und der Grabhügel, wie sich durch die dendrochronologische Untersuchung der im Hügel gefundenen Spaten der Grabräuber nachweisen ließ, erstmalig 575 v. Chr. beraubt.

In der Regel repräsentiert die Hauptbestattung im Zentrum des Hügels das Grab des Fürsten. Der großen, oft zusätzlich gesicherten Grabkammer in Blockbautechnik folgen im Verlaufe von ein bis zwei Generationen zahlreiche Nachbestattungen in der Hügelschüttung, bei denen es sich wahrscheinlich um die Gräber von Gefolgsleuten oder Familienmitgliedern handelt.

In Kombination mit Metallgeschirr und reichem Goldschmuck stellt die Anwesenheit von vierrädrigen, nur eingeschränkt lenkbaren Wagen eine weitere Eigentümlichkeit

Nur wenige Kilometer westlich der Heuneburg liegt der Großgrabhügel „Hohmichele", der als Begräbnisstätte des Begründers der Heuneburg-Dynastie gilt. Die Rekonstruktionszeichnung (links) zeigt eine reiche Doppelbestattung mit einem vierrädrigen Wagen, bronzenem Trinkgeschirr und zahlreichen weiteren Beigaben und Trachtbestandteilen.

Die hölzernen Teile der vierrädrigen Wagen sind in der Regel vollständig vergangen. Jedoch zeigen die wenigen, oft nur durch den Kontakt mit Metallbeschlägen erhaltenen Holzreste, daß je nach Verwendungszweck unterschiedliche Holzarten eingesetzt wurden.

der Fürstengräber dar. Fertigte man sie ausschließlich für die Bestattung, oder wurden sie auch bei Paraden und Umzügen zu Lebzeiten der Fürsten eingesetzt? Lange Zeit glaubte man, daß die Vorbilder der hallstattzeitlichen Wagen aus Italien stammten, doch unterscheiden sie sich von ihnen im Detail. Hinzu kommt, daß sich Zeremonialwagen nördlich der Alpen schon für das 13. und 12. Jahrhundert v. Chr. nachweisen lassen, dann aber erst nach vier Jahrhunderten wieder als Teil von Grabausstattungen in Erscheinung treten.

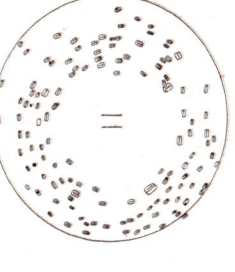

In der zweiten Hälfte des 19. Jahrhunderts mehren sich die Nachrichten über spektakuläre Funde aus keltischen Fürstengräbern. Dies ist für Friedrich von Baden Anlaß genug, die Ausgrabung des Grabhügels von Kaltbrunn anzuordnen (oben). In der Hoffnung auf kostbare Funde im Zentrum der Hügel werden die Gräber von oben geöffnet. Erst im 20. Jahrhundert erkennt man die Bedeutung der ärmeren Nachbestattungen.

Der Keltenfürst von Hochdorf

1977: Eine ehrenamtliche Mitarbeiterin des Landes-denkmalamts Baden-Württemberg entdeckt auf einem Acker bei Eberding-Hochdorf, nur wenige Kilometer nordwestlich Stuttgarts, einen stark zerpflügten Steinkreis. Ihr ist klar, daß die Steine und eine leichte Erhebung im Gelände auf einen Großgrabhügel hindeuten, der in Sichtverbindung zum 10 km entfernten Fürstensitz auf dem Hohenasperg liegt.

Im Juni 1978 beginnt man mit den Ausgrabungen, und bald wird deutlich: Das Grab ist noch unversehrt! In der quadratischen Grabkammer entdeckt man Reste von Stoffbahnen, die mit Eisennägeln an die Wände der Holzkammer geheftet und durch Fibeln miteinander verbunden waren. Der Tote, eine zu seiner Zeit mit 1,87 m Körpergröße mehr als eindrucksvolle Erscheinung, ist nicht

In Adelsgräbern finden sich häufig Personen, die die Körpergröße ihrer Zeitgenossen überragten. Auffälligstes Merkmal des Fürsten von Hochdorf ist jedoch sein voluminöser Schädel und das hohe und breite Gesicht. Die Todesursache ließ sich nicht ermitteln, doch zeigen einige Gelenke arthritische Veränderungen. Seine Lederschuhe (links), wie auch zahlreiche andere Ausstattungsgegenstände, wurden erst kurz vor der Bestattung mit gepunztem Blattgold belegt. Die Bleche lassen erkennen, daß die Schuhe jeweils für den linken und rechten Fuß zugeschnitten waren, über die Knöchel reichten und vorn über Kreuz geschnürt wurden.

auf seinem Wagen, sondern auf einer fahrbaren bronzenen *Kline* aufgebahrt worden. Oberhalb des Schädels entdeckt man einen konischen, reich verzierten Hut aus Birkenrinde und auf ihm einen Kamm aus Holz, der leider bei der Bergung zerfällt. Im Hut selbst liegt ein eisernes Rasiermesser, ein Nagelschneider findet sich zusammen mit drei Angelhaken in einer Tasche auf der Brust des Toten. Man birgt bronzene und goldene Fibeln, einen goldenen Halsring und einen nachträglich mit Goldblech überzogenen *Antennendolch*.

Im Labor beginnt ein Wettlauf mit der Zeit, denn die zahlreichen geborgenen Pflanzenreste beginnen sich zu zersetzen. Deutlich geben sich die Strukturen eines aus Grashalmen geflochtenen Kissens zu erkennen. Zur Überraschung aller finden sich unter dem Leichnam Dachsfelle, ja selbst Textilien aus Dachshaar, Gewebe aus Hanfbast, Roßhaardecken und Felle von Marder oder Iltis.

Der Leichnam des Fürsten von Hochdorf lag bei seiner Entdeckung auf dieser Kline (oben), einer bronzenen Bank von 2,75 m Länge. Nördlich der Alpen ist sie ein Einzelstück, doch in Italien findet man die Darstellung ähnlicher Sitzmöbel häufig auf verzierten Situlen: Fürsten ruhen auf ihr, Musiker widmen sich hier dem Spiel von Harfe und Panflöte. Die Hochdorfer Kline ist mit gepunzten Schwerttanz- und Wagenszenen dekoriert. Getragen wird sie von acht kleinen gegossenen Frauenfiguren, die man auf Räder montierte. Teile ihres Schmucks wurden durch Koralleneinlagen angedeutet, einem wertvollen Rohmaterial aus dem Süden.

Trinkhörner und Honigwein

Zum Trinkgeschirr des Fürsten gehören neun reich mit
Goldbändern verzierte Trinkhörner, die in einer Reihe an
der Stirnseite der Grabkammer aufgehängt waren. Acht
wurden wohl aus den Hornscheiden von Auerochsen
gefertigt, eines aber, das des Fürsten, besteht aus Eisen.
Es faßt 5,5 l und hat eine Länge von insgesamt 123 cm.
Auf einem eisenbeschlagenen hölzernen Unterbau zu
Füßen des Leichnams findet sich ein mit drei Löwen verzierter, 500 l fassender Bronzekessel. Ein goldenes
Schöpfgefäß, das einst wohl auf Tüchern auf
dem Kesselrand lag, war im Laufe der Zeit in
eine Flüssigkeit gestürzt, die nun nur noch als
braune Masse am Kesselboden zu erkennen
ist. Die Analysen ergeben, daß der
Kessel zu drei Vierteln
gefüllt ins Grab kam
und die Flüssigkeit
150 kg Blütenhonig
enthielt. Es handelt sich
um Honigmet.

    Auf dem eisenbeschlagenen vierräd-
rigen Wagen liegt das Zaumzeug und ein
Pferdestachel, hier entdeckt man aber auch
das Tafelgeschirr: neun Bronzeteller und
drei größere Bronzebecken sowie einige
Geräte, die wohl beim Zerlegen größerer
Schlachttiere hilfreich waren.

Das Totenmahl

Der Bronzekessel von Hochdorf mit seinen Löwenfiguren stammt sicherlich aus
einer griechischen Werkstatt. Er ist ein weiteres
Beispiel für den „Kunsthandel" mit dem Mittelmeerraum, dessen Produkte seit dem Ende des 7. Jahrhunderts v. Chr. den Raum nördlich der Alpen erreichen.
Zu ihnen zählen die etruskische *Pyxis* aus Kasten-
wald bei Appenwihr, die „rhodische" Bronzekanne
von Vilsingen (Baden-Württemberg), die Dreifüße
von Sainte-Colombe (Côte-d'Or) und aus dem
Grafenbühl bei Asperg (Baden-Württemberg)
mit ihren Löwenfüßen, einem Charakteristikum
griechischer Werkstätten um 600 v. Chr.

Neben den vierräd-
rigen Wagen sind
Tafel- und Trinkgeschirr
charakteristische Beiga-
ben der Fürstengräber:
Zu ihnen zählen Trink-
hörner, große Teller aus
Bronze oder Keramik,
Kessel und Eimer ein-
heimischer Herkunft,
die mehr und mehr
durch importiertes
Trinkgeschirr aus Grie-
chenland, Etrurien oder
Süditalien ersetzt wer-
den, wie z. B. durch
Oinochoen oder Kessel
mit Greifenköpfen
(unten) auf Dreibeinen.
In Hochdorf fand sich
neben Trinkhörnern aus
organischem Material
auch ein überaus reich
verziertes aus Eisen
(links), das auf Grund
seiner Größe und der
Lage im Grab sicherlich
dem Fürsten gehörte.

Die Hydria von Grächwil (Schweiz) und der Krater von Vix (Côte-d'Or) gehören zu den bekanntesten Funden von Trinkgeschirr, die man für das Symposion einführte. Der Brauch, bei der Bestattung eines Verstorbenen ein letztes Mal alle treuen Begleiter für ein Totenmahl zusammenkommen zu lassen, war sowohl in der Hallstattwelt als auch bei den Griechen weit verbreitet. So ist es nicht verwunderlich, daß man Bronzegeschirr aus lokaler Produktion häufig auf Friedhöfen, wie z. B. Hallstatt, entdecken konnte.

Weder Grabräuber noch Landmaschinen berührten die Grabkammer des Fürsten von Hochdorf, bis sie nach rund 2500 Jahren entdeckt und mit modernsten Methoden untersucht und dokumentiert werden konnte.

Weinliebhaber

Die neuen Kontakte mit dem Süden ermöglichen die Einfuhr eines bislang nördlich der Alpen unbekannten Getränks, das bald bedeutende kulturelle Auswirkungen haben wird: Wein.

Die Kelten sind begeistert, und der Wein wird zu einem der wichtigsten Motive für den Handel mit der Welt des Mittelmeers. Man transportiert ihn vor allem als aromatisiertes Konzentrat in Amphoren, deren Fragmenten man heute bei den Siedlungsgrabungen häufig begegnet. Um 500 v. Chr. dürfte er bei den fürstlichen Symposien den traditionellen Honigmet ersetzt haben: Weinreste fanden sich etwa in der großen Bronzeflasche von Hallein. Die griechischen und etruskischen Gefäße, unter ihnen die bekannten Oinochoen, werden Teil der verfeinerten Tischsitten beim Genuß des Weins, bei Festessen und fürstlichen Bestattungen.

Das Gold und die Macht

Symbol der fürstlichen Macht der Fürsten ist der goldene Halsring. Er wird aus Goldblech gefertigt und häufig mit kleinen gepunzten geometrischen Motiven verziert, die als das Erbe der Kunst der Bronzezeit gelten.

Mit einem Volumen von 17 l stellt die Bronzeflasche aus einem Adelsgrab von Hallein eine Rarität dar. Bemerkenswert sind auch die vier anthropomorphen Beine als Standfüße. Die etruskische Oinochoe (unten) stammt vom Comer See.

Die Halsringe treten, häufig in Kombination mit einem Dolch (wie etwa bei der Statue von Hirschlanden) und einem goldenen Armband, in reicheren Wagengräbern in Erscheinung. Andere Beigaben sind kleine goldene Schalen, die als Schöpfgefäße auf dem Rand der Wein- oder Honigmetbehälter liegen. Neben diesen Luxusartikeln, die der Herrscher auch zu Lebzeiten nutzt, werden anläßlich seiner Beisetzung einzelne Ausstattungsgegenstände mit Gold überzogen. In Hochdorf arbeitete dabei der Goldschmied in unmittelbarer Nähe des Grabes und verwendete einen kleinen Satz von Punzen, der sich anhand der identischen Muster an verschiedenen Goldblechen rekonstruieren ließ.

Selbst in reich ausgestatteten Frauengräbern kann man einen derart „verschwenderischen" Umgang mit Gold nicht beobachten: Goldfunde sind aber auch hier keineswegs selten. So enthielt ein Frauengrab in Ditzingen-Schöckingen, das zur Gruppe der reichen Gräber um den Hohenasperg zu zählen ist, nicht nur sechs goldene Armbänder, sondern auch neun kleine Goldringe und sechs mit Goldblech verzierte Bronzenadeln, die wahrscheinlich als Kopfschmuck und zur Befestigung eines Kopftuches dienten.

Aus einem Männergrab bei Jegenstorf (Kanton Bern) stammt dieser reich verzierte Goldanhänger.

Adelige Frauen, wie die von Ditzingen-Schöckingen, tragen goldene Armbänder und Nadeln mit großen goldenen Köpfen (links unten).

Das Gold und seine Verarbeitung gehören zur Identität der Kelten. Aus diesem Grund wohl bestand bei ihnen kaum das Bedürfnis, fremden Goldschmuck einzuführen. Einige technische Einflüsse des mediterranen Goldschmiedehandwerks lassen sich zwar nachweisen, doch werden die entsprechenden Vorlagen von den keltischen Schmieden perfekt umgesetzt. Der Halsring von Vix ist dafür ein exzellentes Beispiel.

Die extravagante Prinzessin von Vix

Im Januar 1953 wird am Fuß des Mont Lassois, 6 km nordwestlich von Châtillon-sur-Seine, das bedeutendste Keltengrab Frankreichs entdeckt. In ihm findet sich die Bestattung einer Frau von ca. 30 Jahren, die um 480 v. Chr. starb.

Die Prinzessin von Vix starb ungefähr mit 35 Jahren. Ihr Antlitz konnte anhand von Schädel und Kiefer rekonstruiert werden.

Mit einem Volumen von 1100 l das größte erhaltene Metallgefäß der Antike: der Krater von Vix, 1,64 m hoch und 208 kg schwer. In ihm wurde konzentrierter Wein verdünnt, mit einem Sieb schied man Blätter und Gewürze, die den Wein parfümierten. Auf dem Rand stand als Trinkgefäß eine attische Schale.

Ihre Grabausstattung steht denen der mächtigsten Keltenfürsten in nichts nach. Sie liegt auf dem Kasten eines kleinen Wagens, dessen Räder man demontiert und an der Ostseite der Grabkammer aufgestellt hat.

Im Grab steht ein riesiger, wahrscheinlich aus einer großgriechischen Werkstatt stammender Bronzekrater mit einem großen Deckel. Auf dem Rand des Großgefäßes ruhen mehrere andere Gefäße: eine silberne Phiale, geschützt in einem Etui aus Pflanzenfasern, zwei attische Schalen und eine etruskische Oinochoe aus Bronze. Auf dem Fußboden finden sich rote und blaue Pigmente, Reste von Stoffen oder einer dekorativen Bemalung.

Zusätzlich trägt die Prinzessin Schmuck lokaler Machart: eine Kette aus Stein- und Bernsteinperlen, einen bronzenen Fußring, Lignitarmreifen und mit Koralle verzierte Fibeln. Wohl auf dem Nacken liegt ein einzigartiger goldener Ring auf, der zunächst für ein Diadem gehalten wird und nach mediterranen Vorbildern von einem keltischen Goldschmiedemeister geschaffen wurde. Die Vorliebe für die Erzeugnisse des Südens ist typisch für die Zeit der ersten Keltenfürsten, doch bald beginnen die einheimischen Kunsthandwerker mit diesen Vorlagen zu experimentieren und sie nach eigenen Vorstellungen zu verändern.

Der 480 g schwere Goldhalsring der Prinzessin von Vix (oben und links) besteht, wie jüngste Röntgenuntersuchungen zeigten, aus 21 Einzelteilen. Sie wurden von einem mit mediterranen Techniken vertrauten hochqualifizierten Edelmetallhandwerker aufs sorgfältigste aneinandergefügt. Die kleinen geflügelten Pferde, ein Motiv, dem man auch in Hochdorf (Halsring) oder auf Bronzeblechen von Hallstatt begegnet, sind durch Guß in verlorener Form hergestellt. *Filigrantechnik* und *Granulation* mit kleinsten Perlen von nur 0,2 mm Durchmesser schmücken ihre Standsockel. Die großen kugeligen Enden sind hingegen durch einfach verzierte Manschetten mit dem Ring verbunden.

Von gleich zu gleich

Im Umfeld der wirtschaftlich bedeutenden Zentren entwickelt sich das eisenzeitliche Handwerk zur frühen Blüte. Eisenerz, das wesentlich weiter verbreitet ist als die vorher ausschließlich genutzten Buntmetallagerstätten, wird relativ frühzeitig gewonnen. Allerdings lassen sich Abbau, Verhüttung und Verarbeitung bislang archäologisch kaum direkt nachweisen. In den Bronzewerkstätten beschränkt man sich bald auf die Herstellung von Schmuck und Gefäßen. Keramik produziert man für den eigenen Haushalt oder das Dorf. Auf der Heuneburg besteht aber wahrscheinlich eine Töpferei, die ihre Produkte (rot-weiße Gefäße mit grauer Bemalung) bis nach Mainfranken verhandelt.

Die hierarchisch gegliederten Zentren der frühen Kelten repräsentieren im wesentlichen die Kreuzungspunkte eines Austauschs von Produkten, der mehrere Handelswege nutzt, etwa über die Alpenpässe oder durch das Tal der Rhone. Bei der Wahl der Produkte treffen die Kelten eine Auslese. Sie lassen sich nicht durch die griechischen oder etruskischen Händler dominieren, sondern wählen souverän jene Dinge aus, die ihre Freude am Luxus befriedigen und mit den regionalen Riten, dem Erbe der Bronzezeit, in Einklang zu bringen sind.

Die Metallverarbeiter nehmen unter den Handwerkern eine hervorragende Position ein: Besondere Bedeutung haben die Eisenschmiede, dann folgen Bronzehandwerker, wie Kesselschmiede und Gießer. Da das Eisen jedoch bis in unsere Tage seine wirtschaftliche Bedeutung beibehielt, unterlagen die frühen Gewinnungsstätten einer fortwährenden Überprägung: Die Spuren des eisenzeitlichen Erzbergbaus sind daher wesentlich spärlicher als etwa Belege für den älteren bronzezeitlichen Kupfererzbergbau. Dies gilt in geringerem Umfang auch für die Verhüttung und Verarbeitung des Eisens. Was die Schmiede zu leisten vermochten, zeigen aber nicht nur die kunstvollen eisernen Hallstattdolche, sondern gerade auch die zahlreichen verzierten Eisenbeschläge am Wagen des Fürsten von Hochdorf.

Bei La Ronce (Loiret) gibt ein Bronzegefäß mehrere durch Metallsalze konservierte Textilschichten zu erkennen, die die Asche einer Brandbestattung enthielten. Die Sitte, den Leichenbrand in Tücher einzuschlagen oder in einem Kästchen aus organischem Material zu sammeln, wurde mehrfach beobachtet.

Importierte Roh-materialien werden an den Fürstenhöfen von Spezialisten verarbeitet. Dies gilt besonders für Fernhandelsgüter wie Bernstein, Lignit, Koralle und Elfenbein. Die Glasindustrie erlebt ihre erste Blüte.

In den Frauen- und Männergräbern der Hallstattzeit Sloweniens finden sich häufig Glas-perlen in unterschied-lichsten Formen und Farbgebungen. Filigrane Formen, wie die bizar-ren Augenperlen in der Bildmitte, dienten sicherlich nicht nur als modische Accessoires, sondern auch als Unheil abwehrende Amulette. Auf zuweilen bis zu 2 m langen Ketten reihen sich oft über 500 einzelne Perlen, darunter auch kleine gläserne Widderköpfe.

Bernstein aus dem Baltikum wird zu einem beliebten Roh-stoff zur Verzierung von Bronze- und Eisengegen-ständen. Auch ihn ver-wendet man dank seiner elektrischen Eigen-schaften für Amulette. Bernsteinperlen werden bereits auf der Dreh-bank hergestellt.

Von der Vorstellung einer Kolonisation, die die For-schung früher vertrat, ist man vollständig abgekommen. Griechen und Etrusker behandeln die Kelten wie Gleich-berechtigte. Denn die Kelten haben zahlreiche Roh-materialien im Austausch zu liefern: Salz, Zinn, Kupfer, Bernstein, Wolle, Felle, Leder... und Gold.

Die breiten Bronze-
blechgürtel der Hall-
stattzeit tragen oft ge-
punzte, sich wiederho-
lende Motive, die denen
der Halsringe ähneln.

Traditioneller Stil, illyrische Moden

Die keltischen Gruppen der älteren Eisenzeit
werden in zwei geographische Zonen gegliedert: in den „Westhallstattkreis" mit seinen
„Schwertträgern" und den „Osthallstatt-
kreis" mit den „Streitaxtträgern". Unterschiede zeigen sich aber nicht nur bei der
Bewaffnung, sondern auch beispielsweise
bei der Verzierung von Gefäßen, die der
Form nach einander entsprechen: Im
Westen herrschen abstrakte Muster als Erbe
der Bronzezeit vor, im Osten entwickelt sich
ein mehr erzählender Stil.

Bereits die Urnen von Sopron (Ungarn) und
Schirndorf (Bayern), die in das 7. Jahrhundert datieren,
zeigen stilisierte Figuren, wie etwa Tänzer, Musiker und
Krieger, Weberinnen und Frauen mit erhobenen Händen.
Auf den Bronzegefäßen der Nekropolen
von Kleinklein im Sulmtal
(Steiermark) verbinden sich bei
der Darstellung von Prozessionen und Jagdszenen die figürlichen Elemente mit der
geometrischen Tradition.

Aus einem dieser
Gräber, dem sogenannten
„Kröll-Schmied-Kogel",

Hirsch und Wild-
schwein zählen zu
den beliebtesten Tier-
motiven der keltischen
Kunst. Diese kleine
Eberfigur stammt neben
anderen Tier- und Krie-
gerdarstellungen aus
einem Fundkomplex bei
Balzers (Liechtenstein).

Stark abstrahierte Menschen-, Widder- und Hausdarstellungen auf einem Hängegefäß aus Fischbach-Schirndorf in der Oberpfalz.

Der Kultwagen von Strettweg (7. Jahrhundert v. Chr.) zeigt eine Prozession von zwei symmetrisch angeordneten Figurengruppen, die aus jeweils sechs Personen bestehen. Im Zentrum steht eine große weibliche Gestalt, die einen Gefäßuntersatz auf ihren erhobenen Händen trägt.

stammen eine Gesichtsmaske und zwei Bronzebleche in Form von Händen, die den hölzernen Sarg einer außerordentlich reich ausgestatteten Brandbestattung zierten (Seite 2 – 3). Man wird hier südliche Vorbilder voraussetzen dürfen, die auch die religiösen Vorstellungen der Kelten beeinflußten. Verwiesen sei nur auf den Wagen von Strettweg (Steiermark) mit seiner großen Göttin, den Hirschen und Kriegern.

Situlenkunst

Die Vorliebe für reich dekorierte Bronzegefäße und Gürtelbleche stammt aus Etrurien. Von dort verbreitet sie sich im 7. Jahrhundert v. Chr. bis zur Adria. Die Dekore beleben sich bald durch die Darstellung von Greifen, Sphingen, Löwen und äsenden Hirschen, umrahmt von Rosetten und anderen Pflanzenmotiven. Hier erreicht der neue Stil eine Form, die man heute mit dem Begriff „Situlenkunst"

An der Donau erreicht die Verbreitung der Situlenkunst ihre nördliche Grenze. Dargestellt wird auf diesem Gefäß aus Kuffarn (Niederösterreich) der Zweikampf um eine Trophäe, einen Helm, sowie ein Wagenrennen mit fünf Gespannen. Im Zentrum ruht ein Herr mit breitem Hut (links), der seinem barhäuptigen Diener ein Trinkgefäß reicht, um es erneut füllen zu lassen. Links verläßt eine Person mit zwei leeren Gefäßen die Szene, rechts verspricht ein Gestell mit gehenkelten Fußgefäßen, die dem des bewirtenden Dieners entsprechen, niemals versiegende Freuden.

Situlen, einfache kegelstumpfförmige Gefäße aus Bronzeblech, werden zu Trägern einer außerordentlich spezialisierten Kunst, deren szenische Bildfolgen von den „großen Festen" eisenzeitlicher Herren berichten.

bezeichnet. Eines der ältesten Gefäße dieser Gattung stammt vom Gut Benvenuti bei Este (ca. 600 v. Chr.); Situlendeckel von Hallstatt gehören etwa in die gleiche Zeit. Die auf die Herstellung dieser Situlen und figurengeschmückter Gürtelbleche spezialisierten Werkstätten arbeiten im Norden Sloweniens. Mit großer Meisterschaft illustrieren Kunsthandwerker das paradiesische Jenseits heldenhafter Krieger: Festessen, Prozessionen, Jagden, Ringkämpfe und andere Vergnügungen, bei denen Frauen nicht nur Getränke auftragen. Die Kunst der Situlen trägt zweifelsfrei zur Genese der keltischen Kunst bei. Das bei den Kelten beliebte Motiv des göttlichen Kriegers findet sich schon bald an der Grenze des „Westhallstattkreises" in Süddeutschland: in Hirschlanden und Hochdorf.

Die Bilderwelt der Situlen zeigt sich in kleineren Ausschnitten auch auf einigen reich verzierten Bronzeblechen, die die breiten Ledergürtel herausragender Persönlichkeiten schmücken. Beispiele aus Slowenien, wie links oben ein Blech aus Magdalenska Gora, zeigen einen Reiter und zwei Faustkämpfer, zwischen denen auf einem Pflock ein mit Federbusch geschmückter Helm, vielleicht der Siegespreis, ruht. Ein Detail des Gürtelblechs von Vače (links unten) zeigt einen Fußsoldaten, der ebenfalls einen Helm vom sog. „Negauer Typ" trägt, sich mit einem ovalen Schild schützt und zwei Lanzen sowie eine Streitaxt mit sich führt.

DRITTES KAPITEL

DIE ZEIT DER KELTISCHEN WANDERUNGEN

Berühmt für ihren Mut, bemächtigen sich die keltischen Krieger Roms, bald darauf bestürmen sie Delphi. Aber die Zeit der abenteuerlichen Eroberungen währt nicht länger als ein Jahrhundert. Die Kelten finden niemals zu einer wirklichen Zentralgewalt, einem Reich im politischen Sinne. Dennoch hinterlassen sie bei den betroffenen Völkern bleibende Eindrücke.

Nach und nach verändert sich der Kanon der Vogeldarstellungen, und es erscheinen, wie bei dieser Fibel vom Dürrnberg (rechts), erstmals Raubvogelmotive. Jahrhunderte später propagiert der Fries von Civitalba (links) die neuen keltischen Eigenschaften: Aggressivität und Gier nach Reichtum.

Der Widder, ein Symbol der Kraft, wird in der keltischen Kunst häufig als Motiv aufgegriffen. So erscheint er auch an den Enden der beiden 17 cm langen Trinkhornspitzen aus dem Kleinaspergle.

Die Macht der früheisenzeitlichen Fürsten findet nach zwei oder drei Generationen ihr Ende. Ob als Nachwirkung einer inneren Krise, einer veränderten Organisation der Handelskreisläufe oder wegen der Auseinandersetzungen zwischen Etruskern und Griechen um die Kontrolle des Handels: Die Fürstensitze, die Zentren der Handelsbeziehungen mit dem Süden, werden gegen 500 v. Chr. einer nach dem anderen aufgegeben. An ihre Stelle treten ländliche Gemeinschaften, deren Führung wohl von einer größeren Zahl herausragender Krieger übernommen wird. Die neuen Schwerpunkte der Entwicklung liegen am Rande der westlichen Späthallstattkultur: im Rheinland, mit der sogenannten Hunsrück-Eifel-Kultur, in der Champagne und in den Ardennen, aber auch in Böhmen.

Mehr Demokratie

Im 5. Jahrhundert erreichen neue Bronzegefäße aus Etrurien Mitteleuropa. Zu ihnen gehören die auch bei den Etruskern nicht häufigen bronzenen Stamnoi, wie etwa aus dem Grabhügel La Motte-Saint-Valentin (Haute-Marne), aus Altrier in Luxemburg und aus dem Kleinaspergle (Baden-Württemberg). Eine Neuerung stellen

In der Nähe des Hohenasperg wird mit dem Grabhügel „Kleinaspergle" um 450 v. Chr. das letzte Fürstengrab angelegt. Die zentrale Kammer des Grabherrn wird zwar im Mittelalter vollständig beraubt, doch entdeckt man 1879 unter abenteuerlichen Bedingungen eine ungestörte Nebenkammer. Sie ruft den Reichtum der älteren Fürstengräber in Erinnerung, zeigt aber zusätzlich einige Attribute der neuen Macht. Dazu zählen ein großer bronzener Kessel und eine Schnabelkanne im keltischen Stil, zwei goldene Trinkhornendbeschläge und eine Rippenciste sowie ein Oberarmring aus Lignit und schließlich eine mit Goldblech belegte Zierscheibe aus Eisen.

ebenfalls die etruskischen Spiegel oder deren Nachahmungen dar, die man in Frauengräbern, wie z. B. auf dem Üetliberg bei Zürich oder im Grab von Reinheim (Saarpfalz-Kreis) entdecken konnte. Trotz des Reichtums dieser Gräber sind kostbare Importe aus dem Mittelmeerraum selten, insbesondere der Schmuck ist weniger verschwenderisch. Die jüngere Eisenzeit erscheint daher, speziell in ihren späteren Abschnitten, als eine Epoche mit deutlich geringeren Herrschaftsunterschieden, doch zugleich auch als eine Periode mit einer eindeutigen Betonung kriegerischer Elemente. Die Hallstattdolche, mehr Machtsymbole als Waffen der frühen Kelten, weichen einer vollständigen Kriegsausrüstung. Fürsten oder adelige Krieger werden mit ihren neuen zweirädrigen Wagen, den leichten und schnellen Kriegsfahrzeugen der Kelten, bestattet.

Die Kelten am Mittelrhein

Am Mittelrhein, zwischen Nahe und Mosel, Eifel und Hunsrück, existiert während der späten Hallstatt- und der mittleren Latènezeit eine Kulturgruppe, die sich durch ihre große Eigenständigkeit auszeichnet: die Hunsrück-Eifel-Kultur. Am Ende des 6. Jahrhunderts v. Chr. bildet sich in deren östlichen Bereich zunächst eine soziale Schicht

Mit der Übernahme etruskischer Sitten werden Bronzespiegel bei den Kelten des 5. Jahrhunderts zu einem wichtigen Accessoire wohlhabender Adelsdamen, die sie selbst bis in das Grab mitführen. Oben ein großer Bronzespiegel mit einem Griff in Menschengestalt von La Motte-Saint-Valentin (Haute-Marne).

Aus einem Kriegergrab (4. Jahrhundert v. Chr.) vom Dürrnberg stammt dieses kleine, nur 6,6 cm lange Modell eines Schiffchens aus Goldblech mit zwei Stechrudern und breitem Bug, über den man derartige Boote leicht entladen konnte. Mit völlig übereinstimmenden Fahrzeugen befuhr man noch bis in unsere Tage die Seen des Salzkammerguts.

heraus, deren Bestattungen zwar nicht den Reichtum der
nordwestalpinen Späthallstattkultur erreichen, mit relativ
großen Hügelaufschüttungen, vier- und zweirädrigen
Wagen, Bronzegefäßen und großen hölzernen Grabkam-
mern aber wohl als Nachahmung südlicher Vorbilder zu
verstehen sind. Mit dem Übergang zur Frühlatènezeit
(im 5. Jahrhundert v. Chr.) verlagert sich das Schwergewicht
der Fürstengräbersitte in den westlich gelegenen Raum
zwischen Nahe, Mosel und Saar. Die Konzentration
reicher Bestattungen ist hier außerordentlich auffällig.

Die Fürstengräber der frühen Latènezeit finden
sich in Grabhügeln, die einzeln, zu kleinen Gruppen
geordnet, zuweilen aber auch in größerer Anzahl auftreten, wie etwa mit 16 Grabhügeln in Bescheid
(Kr. Trier-Saarburg). Wie die Großgrabhügel
in unmittelbarer Nähe der Heuneburg
liegen sie oft in exponierter Lage,
etwa auf weithin sichtbaren

Wahrscheinlich stam-
men auch die Gold-
blechapplikationen aus
dem Grab von Schwarzen-
bach von reich verzier-
ten Trinkhörnern. Ein
netzartiges Goldblech
überzog eine Holzschale.

Zwei Frauenmasken
schmücken die
Enden des hohl getrie-
benen und tordierten
Halsrings von Reinheim
(Saarland). Sie werden
von Mistelblättern (wie
die Applikationen von
Schwarzenbach, oben),
zwischen denen der
Kopf eines stilisierten
Raubvogels auftaucht,
und von zwei großen
birnenförmigen Vor-
sprüngen überragt. Der
Halsring, der aus zahl-
reichen miteinander ver-
bundenen Teilen besteht,
stammt aus einem über-
aus reichen Frauengrab
der Frühlatènezeit.

Höhenzügen, und abseits der Gräber der einfachen
Bevölkerung. Mitunter lassen sich Beziehungen zu befestigten Höhensiedlungen, häufig aber auch zu Eisenerzlagerstätten feststellen, von denen man annimmt, daß sie
gerade während der Frühlatènezeit eine intensive Ausbeutung erfuhren und die wirtschaftliche Grundlage des
hier herrschenden Adels darstellten.

In den Grabhügeln des Adels finden sich Hals-
und Armringe aus Gold sowie Fibeln und Gürtelteile aus
Bronze und Eisen. Ihre Wagen geben sich durch bronzene
und eiserne Beschläge zu erkennen. Hinzu kommen häufig goldene Beschläge von Trinkhörnern, die, wie auch die
Waffen, allesamt im Frühen Stil der keltischen Kunst verziert sind. Zu den Beigaben einer kleinen Gruppe von
nur fünf Bestattungen zählen außerordentlich reich
dekorierte goldene Zierscheiben, die sich außerhalb des Mittelrheingebietes nur noch
jeweils einmal in Chlum (Böhmen)
und im Kleinaspergle nachweisen lassen.

Um reine Schmuckstücke
kann es sich nicht handeln: Waren
es Auszeichnungen oder gar Orden für
eine kleine Gruppe männlicher Adliger?

Außergewöhnliche Frauen

Die Zahl der Frauenbestattungen unter
den Fürstengräbern ist zwar gering, doch
zeichnen sich diese Gräber durch ihren
besonderen Reichtum aus. Neben dem
Grab von Waldalgesheim (Kr. Mainz-
Bingen) finden sich die bedeutendsten
in der sich südlich anschließenden
Pfalz: Zu ihnen zählen das Grab von

Bis in das Natio-
nalmuseum
Budapest
gelangten Teile
dieses bronzenen,
reich gegliederten Dreifusses aus
Etrurien, der 1864
zusammen mit weiterem Trinkgeschirr,
Schmuck und Wagenbestandteilen in einem
Adelsgrab bei Bad
Dürkheim (Pfalz) entdeckt wurde.

Bad Dürkheim (Kr. Ludwigshafen) mit einem Dreifuß und einem etruskischen Stamnos sowie goldenem Hals- und Armring, das Grab der Fürstin von Reinheim (Saarpfalz-Kreis) und das Frauengrab von Worms-Herrnsheim mit seinen goldenen Arm- und Fingerringen. Alle diese Frauen, die man mit den Insignien ihrer gehobenen sozialen Stellung ausstattete, übernahmen (wie die Prinzessin von Vix) zu Lebzeiten wohl Funktionen, die denen der hervorragendsten keltischen Führer entsprachen.

Kelten in der Champagne

Dank ihrer geringen Tiefe wurde ein großer Teil der zahlreichen keltischen Flachgräberfelder in der Champagne bereits im 19. Jahrhundert untersucht, doch häufig leider nur in kurzen Berichten veröffentlicht. Funde etruskischer Schnabelkannen in Somme-Bion, Somme-Tourbe und Sept-Saulx zeigen, daß Kontakte zwischen Etrurien und der Champagne bestanden. Die bedeutendsten Männer werden mit zweirädrigen Wagen, ihren Schwertern und Lanzen, zuweilen auch mit Panzer und Helm bestattet. Auch dekorative Teile des Zaumzeugs finden sich hier. In den Frauengräbern dominieren dagegen Gürtelhaken, Fibeln und Halsringe.

Der schlanke Becher von La Cheppe ist mit seinen eingeritzten Motiven typisch für die frühe keltische Drehscheibenkeramik in der Champagne. Helme und Panzer, wie die im Grab von Berru (Marne, Anfang 4. Jahrhundert v. Chr.), bleiben herausragenden Personen vorbehalten.

Phaleren werden die hauptsächlich aus Bronze gefertigten Scheiben genannt, mit denen man das Zaumzeug der Pferde oder die Karosserie der Wagen schmückte. Die von Cuperly (Marne, links) mißt 10 cm im Durchmesser und stammt aus einem reichen Kriegergrab vom Ende des 5./Anfang des 4. Jahrhunderts v. Chr. Sie zeigt eine an Zirkelschlägen orientierte Kombination von Zierscheiben, deren Durchbruchmuster wahrscheinlich mit Email gefüllt waren. Einfacher, aber mit einem Durchmesser von 24,5 cm auch größer, sind die Phaleren von Saint-Jean-sur-Tourbe (unten).

Anfänge einer einzigartigen Kunst

Technische Neuerungen erlauben es den Kelten im 5. Jahrhundert v. Chr., den engen Rahmen der ältereisenzeitlichen Kunst mit ihren sich wiederholenden geometrischen Mustern zu sprengen. Die Linien krümmen sich, und der erstmalige Einsatz des Zirkels erlaubt die Anfertigung komplexer Dekore. Östliche Bildthemen werden eingeführt: der von Vögeln umgebene Lebensbaum, monströse Wesen, wie etwa Drachen, das Motiv des Herrn der Tiere sowie *Palmetten*, Lotusblumen und Maskendarstellungen. Ob in der Champagne oder in Böhmen, selbst am Rande der Karpaten, überall lassen sich anhand dieses neuen Kanons magischer Symbole auch tiefgreifende Veränderungen des Glaubens feststellen.

In seiner Vorliebe für das Zweideutige, für das auf verschiedene Weise Lesbare, das Spiel mit Linien und Flächen zu Lasten realistischer Darstellungen manifestiert sich der keltische

Geist. Er steht damit im krassen Gegensatz zur rein ornamentalen Kunst, mit der einst die ehemalige Elite die Insignien ihres Reichtums und ihrer Macht dekorieren ließ.

Regionen und Variationen

In den regionalen Werkstätten erfahren die keltischen Themen und Motive unterschiedliche Interpretationen und Ausgestaltungen. So finden sich Fibeln mit symmetrischen Doppelmasken vor allem am Mittelrhein, die mit asymmetrischen Bügeln hauptsächlich im Osten. Fibeln mit den Darstellungen von Wildschweinen und Vögeln oder in Form von Schuhen gehören zu den bedeutenden Produkten der Kunsthandwerker auf dem Dürrnberg. Dekore mit phantastischen Figuren sind in der böhmischen Gruppe sehr häufig, in der Champagne und in der Schweiz hingegen relativ selten.

Der frühe keltische Stil (5. / Anfang 4. Jahrhundert v. Chr.) erfaßt auch den Bereich der Keramik: In der Champagne und in den Ardennen werden auf der Drehscheibe hergestellte Fußvasen mit großen roten kurvilinearen Mustern bemalt. Im Gebiet der Bretagne ahmt man mit schwarzer Keramik Metallgefäße nach und schmückt sie mit kleinen gestochenen Motiven oder eingeritzten Ornamenten wie Palmetten.

Auf dieser Fußvase aus der Champagne wird das kurvilineare Dekor durch eine Engobe, den Auftrag eines fein geschlämmten, stärker eisenhaltigen Tons, erzielt, die nach dem Brand einen starken Kontrast zwischen schwarzen und roten Flächen ergibt.

Nach Süden

In der zweiten Hälfte des 5. Jahrhunderts v. Chr. erlebt die Welt des Mittelmeerraums den ersten Einfall keltischer Verbände. Was diese Wanderungsbewegungen im Detail auslöst, bleibt auch den späteren antiken Kommentatoren verborgen. Nach Livius (59. v. Chr. – 17. n. Chr.) standen die Kelten, die einst ein Drittel der Bevölkerung Galliens ausmachten, unter der Autorität der Biturger und ihres Königs Ambigatus. Um sein Königreich von der Übervölkerung zu befreien, entschied dieser, seine Neffen Bellovesus und Segovesus, beide jung und unternehmungslustig, in jene Gebiete zu senden, die die Götter ihnen anzeigen würden. Für Segovesus bestimmte das Los den Hercynischen Wald, für Bellovesus den vielversprechenden Weg nach Italien ...

Aus archäologischer Sicht scheidet das bei Livius genannte Motiv der Übervölkerung sehr wahrscheinlich aus. Zwar fordert Bellovesus seine Neffen auf, beliebig viele Menschen mitzunehmen, wie sich aber im Detail ein derartiger Menschenstrom lenken ließ, bleibt offen. Wahrscheinlich nahmen die einzelnen Verbände das nächstgelegene unbesiedelte Land in Anspruch oder verdrängten dort, wo dies ohne Schwierigkeiten möglich war, die alteingesessenen Bewohner. Vor dem eigentlichem Siedlertroß sondierten Krieger das Terrain: Dort wo sich ihnen eine Gelegenheit bot, ließen sie sich als Söldner oder Kundschafter anwerben.

Aus einem Grab des 5. Jahrhunderts v. Chr. nahe bei Pilsen stammt diese reich verzierte Bronzefibel (links), die im Gegensatz zu anderen anthropomorphen Schmuckstücken einen ganzen Menschen darstellt. Die zahlreichen runden Vertiefungen enthielten Bernstein-, die länglichen Kerben vermutlich Koralleneinlagen.

Maskenartige Gesichtsdarstellungen sind ein beliebtes und weit verbreitetes Thema der frühkeltischen Bronzekunst und hatten wohl Unheil abwehrende Bedeutung. Sie zieren die Henkel und Attaschen bronzenen Trinkgeschirrs sowie Wagenbestandteile und Schmuckstücke, besonders aber schmücken sie Trachtbestandteile, wie Gürtel und Fibeln (linke Seite). Zwei der markanten Masken dieser slowakischen Fibel vom Ende des 5. Jahrhunderts v. Chr. gruppieren sich um eine (ausgefallene) Koralleninkrustation.

Durchbrochene Gürtelhaken, wie der von Hölzelsau bei Kufstein (Tirol), zeigen die Aufnahme neuer, letztlich orientalischer Motive durch die Vermittlung Oberitaliens. Zwischen traditionellen Vogelmotiven befindet sich als zentrale Darstellung ein Mensch, der über die Tiere zu herrschen scheint.

Keltische Bilderwelt

Zu Beginn der jüngeren Eisenzeit erfährt die Bilderwelt des keltischen Kunsthandwerks eine auffällige Bereicherung, wobei sich gerade bei der Darstellung von Tieren weitgehend neue Motive und Motivkombinationen ergeben. Die keltischen Handwerker bedienen sich dabei nicht allein naheliegender mediterraner Vorbilder, etwa aus dem benachbarten etruskischen Italien, sondern nutzen auch Muster thrakisch-skythischer, ja selbst persischer Herkunft. Diese Vorlagen werden aber nicht einfach imitiert, sondern nach eigenem Geschmack verändert und so eigenen Bedürfnissen angepaßt. Noch große Nähe zum etruskischen Vorbild zeigt die Attasche der Henkelkanne vom Kleinaspergle (linke Seite, oben links). Die typisch keltische Maske des Goldarmrings von Rodenbach in der Pfalz (rechte Seite, oben) wird von Widdern umgeben, für deren Gestaltung treffende Parallelen in Südrußland zu finden sind. Mund und Augenbrauen der Masken werden betont; Augen und Wangen wirken satyrähnlich „aufgequollen". Das Pferd mit menschlichem Antlitz auf der Röhrenkanne von Reinheim (Seitenmitte) zeigt dagegen den zweiten, strengeren, und wohl auch realistischeren Typ der keltischen Masken.

Keltische Meisterwerke

Die bronzenen Schnabelkannen von Basse-Yutz in Lothringen (links) und die Kanne vom Dürrnberg bei Hallein (rechts) zählen unbestritten zu den Meisterwerken keltischer Bronzetechnik. Im Gegensatz zu ihren etruskischen Vorbildern sind die keltischen Kannen nicht nur um bis zu 15 cm höher, sondern auch schlanker und stärker profiliert.

Fabelwesen scheinen die Mündungen der reich mit Koralle- und Emaileinlagen verzierten keltischen Schnabelkannen zu verteidigen.

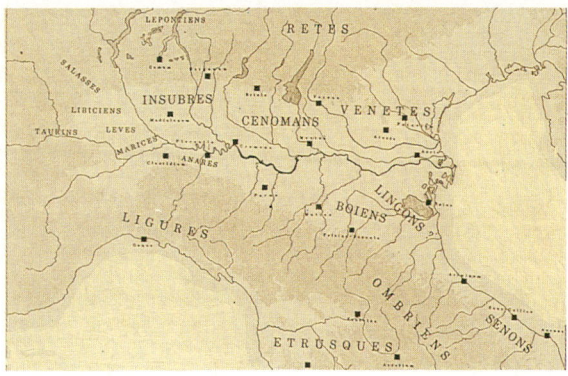

Keltische Stämme in Italien: Die Insubrer siedeln am Alpenrand, ihre Hauptstadt ist Mediolanum (Mailand); die Cenomanen um Verona und in der Po-ebene, ihre Hauptstadt ist Brixia (Brescia). Die Boier leben um Parma und Bologna; Lingonen und Senonen, die sich als letzte in Italien ansiedeln, an der Adria. Ihre Gräber zeigen einen deutlichen griechisch-römischen Einfluß. Der Helm von Canosa (Apulien) gilt als ein Beleg für die Anwesenheit von Kelten in Süd-italien zwischen 367 und 349 v. Chr.

Die Kelten in Italien

Das 4. Jahrhundert v. Chr. beginnt mit einem gewaltigen Eroberungszug: Pompeius Trogus berichtet Jahrhunderte später, daß 300 000 Kelten wie bei einem „Heiligen Frühling" (ver sacrum) in Bewegung gerieten. Er nennt auch die Ursachen: Uneinigkeit und Auseinandersetzungen im Heimatland der keltischen Siedler.

Zweifellos sind die zahlreichen Berichte antiker Autoren über die Auseinandersetzungen zwischen Kelten und Römern eine Reaktion auf den Schock, den die ersten keltischen Eroberungszüge und das ungewöhnliche Aussehen und Auftreten der keltischen Krieger auslösten. Im Gegensatz dazu zeigt aber die Archäologie, daß sich die Neuankömmlinge bald perfekt in das italische Leben integrieren und ihre Kulturen miteinander verschmelzen.

Die Ewige Stadt in der Hand der Barbaren

Bald sind weite Gebiete nördlich des Apennin in der Hand der Kelten. Von hier aus unternehmen sie, wohl unter Führung der Senonen, Raubzüge in Umbrien, Etrurien und Latium. 387 v. Chr. kommt es dann am Zusammenfluß von Allia und Tiber zum Kampf gegen Rom.

Die Kelten triumphieren. In Panik geraten, ertrinkt ein Teil der Römer in den Fluten des Tibers, andere fliehen nach Veji, der Rest des römischen Heeres aber zieht sich nach Rom zurück und verschanzt sich auf dem Kapitol. Nicht zuletzt wegen der legendären schnatternden Gänse hält die römische Besatzung der keltischen Belagerung stand. Tatenlos muß sie aber mit ansehen, wie die feindlichen Krieger plündernd und brandschatzend durch die Viertel der Stadt ziehen. Den Römern bleibt keine Erniedrigung erspart: Ihr Lösegeld wird auf 1000 Pfund Gold festgesetzt. Selbst die von den Kelten herbeigebrachten Gewichte sind gefälscht, und als der römische Tribun sie zurückweist, unterbindet der siegreiche Brennus jede Diskussion und legt mit den Worten „Vae victis" („Wehe den Besiegten") noch sein eigenes Schwert zu den Gewichten auf die Waage.

Die Abenteuer der Kelten in Italien beflügeln sehr früh und für lange Zeit die Phantasie der Künstler. Oben „Die Gallier vor Rom" von Evariste Luminais. Unten das Steinrelief von Bormio am Stilfser Joch, das wahrscheinlich mit den heißen Quellen in diesem Gebiet in Verbindung gebracht werden kann.

Hier fanden sie die Häuser der Plebejer verschlossen, die Säle der Vornehmen weit geöffnet, so daß sie beinahe länger zögerten, in die offenen als in die verschlossenen Gebäude einzudringen, denn sie empfanden eine Art Ehrfurcht, als sie die in den Vorhallen sitzenden Männer sahen, mit ihren feierlichen Gewändern (…). Einer von ihnen, ein gewisser M. Papirius, dem ein Krieger den Bart streichelte (…), gab diesem mit seinem Elfenbeinzepter einen Schlag auf den Kopf, was diesen in Zorn versetzte. Damit begann das Morden (…), die Häuser wurden geplündert, und wenn sie leer waren, in Brand gesteckt.

Die Senonen etablieren sich dann entlang der Adria-
küste, zwischen den heutigen Städten Pesaro, Ancona und
Macerata, einem strategisch wichtigem Gebiet, das ihnen
fast ein Jahrhundert lang die Kontrolle über den Zugang
zum Tal des Tibers und zu den Städten Apuliens und der
Campagna ermöglicht.

Erste Rückschläge

Schon kurze Zeit nach dem Abzug der Senonen aus Rom
bezeugen schriftliche Quellen die Verwicklung keltischer
Söldner in verschiedene Konflikte im Mittelmeerraum.
Vermutlich kamen die Kenntnisse
der Söldner auch den eigenen
Eroberungszügen in Italien zugute,
denn man hat den Eindruck, daß die
Kelten eine präzise Kenntnis der örtlichen
Verhältnisse besaßen.

Schon 386 v. Chr. verbünden sich
die Kelten mit Dionysos von Syrakus,
dessen Ziel es ist, die Macht der
Etrusker zu verringern. Dieses
Bündnis hält etwa 30 Jahre.
Als Söldner gelangen keltische Krieger mit seinem
Heer 368 v. Chr. erst-
mals nach Griechen-
land, wo ihr Wagemut,
aber auch ihre Trunksucht bleibenden
Eindruck hinterläßt.

332 v. Chr. schließen die Senonen
und die Römer einen Friedensvertrag,
doch bald bildet sich eine neue Koali-
tion, um dem wiedergeborenen römischen Expansionismus Einhalt zu
gebieten. Senonen, Etrusker, Umbrier
und andere verbünden sich, werden
aber schließlich 295 v. Chr. vor Sentinum in Umbrien geschlagen.

Der Druck auf die Senonen nimmt
zu. 283 v. Chr. werden sie endgültig
bezwungen und ihr Territorium als
Staatsland neu verteilt. Zu einer neuen
Krise kommt es 249 v. Chr.: Die Boier
werben im oberen Rhonetal keltische

Der Fries von Civitalba diente der Erinnerung an den Sieg der Römer über die einfallenden Kelten. In der Mitte überrollt ein Kelte mit seinem zweirädrigen Streitwagen einen Kameraden, hinter ihm verteidigt sich ein anderer gegen die nachsetzenden Römer. Unten eine Büste Alexanders des Großen von Lysippos. Links der Helm von Ciumeşti (Rumänien, 3. Jahrhundert v. Chr.).

Söldner, die Gaisaten (Speermänner) genannt werden; dennoch aber werden sie schließlich 225 v. Chr. bei Telamon geschlagen.

Der Krieg endet mit der Eroberung von Mediolanum (Mailand), der Hauptstadt der Insubrer. 191 v. Chr. werden zuletzt die Boier unterworfen und aus Oberitalien verdrängt.

Aufschneider bei Alexander dem Großen

Die der Legende nach in die Hercynischen Wälder entsandten Kelten ziehen entlang der Donau nach Osten und erreichen im Verlaufe des 4. Jahrhunderts v. Chr. die ungarische Tiefebene. Eine Gesandtschaft von Kelten, die sicherlich aus diesem Raum stammt, trifft 335 v. Chr., irgendwo am Zusammenfluß von Donau und Morava, auf Alexander den Großen. Hier tauscht man Pfänder oder Geschenke. Nebenbei fordert Alexander seine Gäste auf, ihm mitzuteilen, was sie am meisten auf der Welt fürchteten, wobei er insgeheim hofft, daß sein Ruf bis zu den keltisch besiedelten Gebieten gedrungen wäre. Diese aber antworten, sie fürchteten höchstens, daß ihnen der Himmel auf den Kopf fiele!

Alexander nennt sie zwar seine Freunde und entläßt sie in die Heimat, doch seiner Umgebung gibt er zu erkennen, daß er die Kelten für Großmäuler hält.

Die Welt des Pflanzenstils

Mit der Landnahme in Oberitalien gewinnen im 4. Jahrhundert v. Chr. die Kontakte zu Etruskern und Griechen an Intensität. Die keltischen Kunsthandwerker – in erster Linie die Oberitaliens – assimilieren deren Kunstfertigkeit und entwickeln eine neue Form des Ausdrucks: den sogenannten Pflanzen-, oder auch Waldalgesheimstil, benannt nach einigen typischen Schmuckformen aus einem reichen Grab im Rheinland.

Der neue Stil gründet auf der gemeinsamen Verwendung von Wellenranken und Fächern, die in sich wiederholenden Systemen miteinander verkettet werden. Dadurch wird ein Wechsel zwischen statischen und lebendigen Motiven erzielt, und nicht selten entstehen durch kleine Variationen derartiger Pflanzenornamente flüchtige, medusenartige Masken.

Unter den keltischen Funden in Italien ist der Helm von Canosa in Apulien der südlichste. Der goldene Halsring von Filottrano, der aus den senonischen Gräberfeldern in der Mark stammt, wie auch die Silberfibel von Bern-Schosshalde, illustrieren die Aufnahme mediterraner Elemente durch die Kelten.

Aus dem Grab von Eigenbilzen (Belgien) stammt dieser goldene Trinkhornbeschlag, dessen Fries aus Palmetten und Lotosblüten die keltische Umsetzung der griechischen Pflanzenornamentik illustriert.

Parallelen zu dem Helm von Canosa finden sich insbesondere im Westen: Der eiserne Helm von Agris mit seinen vergoldeten Bronzeauflagen gilt als ein typisches Meisterwerk keltischer Goldhandwerker des 4. Jahrhunderts v. Chr.

Die Kelten südlich der Alpen besitzen die Oberhand über den Güterverkehr mit Koralle, dem Reichtum des Tyrrhenischen Meeres. Dieser Handel scheint sich im 4. Jahrhundert v. Chr. zu verstärken, Korallen finden von nun an vor allem als Einlagen Verwendung.

An der Donau

Im 3. Jahrhundert v. Chr. verbinden sich die Techniken der mediterranen Werkstätten und die der Schwarzmeerküste zu einem fast manieristischen Geschmack: Pseudo-Filigran und aufwendige Auflagen bedecken den Schmuck. Die Bronzegußtechnik erreicht ein außerordentlich hohes Maß an Virtuosität: Es entsteht der plastische Stil.

Neue Schmuckformen erscheinen, wie etwa die Gürtelkette der Frauen, die aus schweren kunstvollen Bronzegliedern und emailverzierten Anhängern besteht. Gegossene Arm- und Fußringe, mit Schließen und hohl gegossenen, eiförmigen Ornamenten (sog. Hohlbuckelringe), werden im Donauraum, in Böhmen und Deutschland wahre Schlager. Sie führen rasch zur Schaffung von Ringen mit barokkem Reliefdekor.

In Ungarn widmet man sich bald mit besonderem Geschick der Verzierung von Schwertscheiden. Diese neue Mode findet in der Schweiz, in Frankreich, schließlich auf den Britischen Inseln, aber auch auf dem Balkan zahlreiche Liebhaber.

Grundthema der Verzierung ist, neben rein vegetabilen Ornamenten, die symmetrische Gegenüberstellung zweier imaginärer Wesen, etwa von drachen-, schlangen- und katzenartigen Tieren sowie von Pferden und Vögeln. Derartige Motive, denen man wohl magischen Charakter zugestand, werden mitunter als goldene Ein- oder Auflagen angelegt.

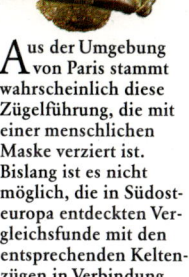

Aus der Umgebung von Paris stammt wahrscheinlich diese Zügelführung, die mit einer menschlichen Maske verziert ist. Bislang ist es nicht möglich, die in Südosteuropa entdeckten Vergleichsfunde mit den entsprechenden Keltenzügen in Verbindung zu bringen.

Diese Bronzefibel aus Slowenien (links, Ende des 3. Jahrhunderts v. Chr.) zeigt einen reich verzierten Bügel, dessen Filigrandekor nicht durch Auflagen dünnster Drähte, sondern durch Guß erzielt wurde. Die Technik, die eine meisterliche Beherrschung des Wachsausschmelzverfahrens voraussetzt, wird auch im Westen (Champagne) übernommen.

Der Prunkhelm von Agris (links) mit seinen Palmettenmustern besitzt Korallenauflagen, die durch Silbernieten befestigt wurden. In den Zwickeln der erhaltenen Wangenklappe finden sich Blumen und eine „Widderschlange" aus feinem Perldraht.

Gegen andere Länder

Auch nach dem Tod Alexanders
des Großen 323 v. Chr. bildete
die Grenze zum makedonischen
Reich lange Zeit eine Barriere für
die Expansionsgelüste der Kelten.
Die Kämpfe, die dann aber hier zu
Beginn des 3. Jahrhunderts einsetzen,
schaffen den keltischen Söldnern
Mitteleuropas ein neues Betätigungs-
feld, da sich ihre Lage in Italien
zunehmend verschlechtert. Auf der
Suche nach Abenteuern wenden sie
sich von nun an in Richtung Atlantik,
viele aber zieht es auch auf den Balkan.

Der Vorstoß in den Osten findet seinen Höhepunkt im Feldzug gegen Griechenland und das Heiligtum von Delphi. Ein erster Überfall auf Thrakien zu
Beginn des 3. Jahrhunderts v. Chr. wird mit einer Niederlage bezahlt.

Die große Konfrontation um 280 v. Chr. zeigt drei
keltische Gruppen im Anmarsch auf Griechenland.
Das Territorium der Triballer und Thraker wird von den
Kelten des Kerethrios, Illyrien und Makedonien von den
Kriegern des Bolgios und Paionien durch die Truppen
des Brennos und des Akichorios angegriffen. 279 v. Chr.
bereiten die Kelten dem kurze Zeit vorher vom Heer
zum König von Thrakien und Makedonien ernannten
Ptolemaios Keraunos eine vernichtende Niederlage.
Wer in Gefangenschaft gerät, wird enthauptet.

Das Gold von Delphi

Brennos nutzt diese Gelegenheit, um in Griechenland ein-
zufallen. Zusammen mit seiner Elitetruppe umgeht er die
Thermopylen und erreicht endlich Delphi. Doch die
beabsichtigte Plünderung der weltberühmten Stadt
scheitert, und der verwundete Brennos nimmt sich
auf dem Rückzug das Leben. Ein anderer keltischer
Heerzug scheitert 277 v. Chr. an Antigonos Gonatas:
Die Kelten ziehen sich in das heutige Bulgarien
zurück und gründen in Tylis, einem Ort in Süd-
thrakien, ein Königreich, doch zerbricht dies bereits
212 v. Chr.

Schuhe sind
seit der Über-
nahme der etrus-
kischen Schuh-
mode bei den
Kelten ein beliebtes
Motiv. Geschätzt wer-
den Tongefäße in Stiefel-
form (links) und Schuh-
fibeln, die gerade auf
dem Dürrnberg bei Hal-
lein häufig getragen
werden.

Zahlreiche Legenden
ranken sich um den
Raubzug der Kelten
gegen Delphi. So soll
Apollo selbst im ent-
scheidenden Moment
mit fürchterlichem Lärm
in die Kämpfe eingegrif-
fen haben. Unten und
rechts die Darstellung
dieser Szene durch
einen gallorömischen
Töpfer und einen Maler
des 19. Jahrhunderts.
Hartnäckig hielt sich
auch das Gerücht, daß
ein Teil des Goldes in
den Heiligtümern von
Tolosa (Toulouse) aus
Delphi stammte.

Die Kelten in Kleinasien

Zusammmen mit Trokmern und Tolistoagiern gelangt 278 v. Chr. eine Gruppe der keltischen Tektosagen über den Balkan nach Kleinasien, um als Söldner König Nikomedes I. von Bithynien im Kampf gegen seinen Bruder Zipoites zu unterstützen. Nachdem Nikomedes ihnen aber den vertraglich zugesicherten Sold schuldig bleibt, ziehen sie brandschatzend durch das mittlere Kleinasien und die reichen Küstenregionen. Dabei fällt ihnen das Apolloheiligtum von Didyma

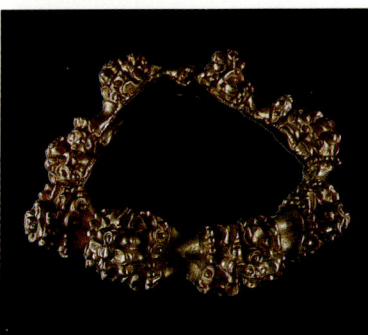

bei Milet zum Opfer. Nach der „Elefantenschlacht" im Jahre 275 v. Chr., in der keltische Truppen wahrscheinlich erstmals mit Kriegselefanten in Berührung kommen, werden sie in einem Gebiet zwischen dem Territorium des Nikomedes und des mit seinen Elefanten so erfolgreichen Antiochos von Syrien angesiedelt. In dem durch zahlreiche Kriege und Auseinandersetzungen geprägten Kleinasien erfreuen sich keltische Söldner allerdings weiterhin großer Beliebtheit.

Nach dem Sieg über die Galater um 230 v. Chr. nimmt Attalos I. den Titel des Königs von Pergamon und den Beinamen „Soter" (der Retter) an. Zur Erinnerung stiftet er dem Tempel von Pergamon mehrere Großplastiken, darunter „Der Gallier und sein Weib".

Antiochos II. erhebt gar eine „Keltensteuer", mit der die keltischen Söldner in seinem Heer entlohnt werden. Mit großem Geschick nutzen die nun Galater genannten Kelten die lang anhaltenden Streitigkeiten, und immer wieder gelingt es ihnen, Tributzahlungen von den Küstenstädten einzutreiben.

Doch ab 241 v. Chr. herrscht Attalos I. über Pergamon, der den Galatern weitere Tributzahlungen konsequent verweigert. An den Kaikosquellen von Pergamon kommt es zur Schlacht, bei der die Galater unterliegen. Trotz dieses und anderer Siege über die Kelten wird Attalos zwei Jahrzehnte später sogar den keltischen Stamm der Aigosagen aus Thrakien am Hellespont ansiedeln,

Zu den Plastiken für das Heiligtum von Pergamon zählt auch der berühmte „Sterbende Gallier" oder sog. „Gallier vom Kapitol". Eine mit der Restaurierung verbundene Untersuchung der Statue ergab, daß es sich nicht, wie bislang angenommen, um die Marmorkopie einer Bronzestatue, sondern um das Original selbst handelt. Für diese Annahme sprechen die kleinasiatische Herkunft des Marmors und die Feinheit der Ausführung.

doch scheint es sich dabei nur um einen eigenwilligen politischen Schachzug gehandelt zu haben.

Wenig später finden sich 5 500 Galater unter den kleinasiatischen Hilfstruppen des Antiochos III., der 190 v. Chr. bei Magnesia von den Römern geschlagen wird. Auf Bitten der kleinasiatischen Städte unternehmen nun die Römer, vertreten durch ihren Konsul Gnaeus Manlius Vulso, eine Strafexpedition gegen die Galater. Der Reihe nach unterliegen die Tolistoagier und die Tektosagen, deren Zentrum Ancyra (Ankara) erobert werden kann, und schließlich die auf der Bergfestung Magaba, 15 km östlich von Ancyra, verschanzten Truppenteile von Trokmern und Tektosagen.

25 v. Chr. wird Galatien römische Provinz, doch noch Jahrhunderte später spricht man hier, wie der Kommentar des Kirchenvaters Hieronymus zum

Das Rohmaterial des goldenen Armrings von Lasgraïsses (Tarn, linke Seite, links) soll aus dem Schatz von Delphi stammen, der der Legende nach von den Tektosagen, von denen ein Teil im Norden Galatiens, ein anderer um Toulouse lebte, geraubt worden war. Er gilt als Beleg für die großen Fähigkeiten der keltischen Goldhandwerker im 3. Jahrhundert v. Chr.

Galaterbrief des Apostels Paulus belegt, eine Sprache, die der der Menschen um Trier ähnelt. Was den Kelten nach dem Verlust jeglicher Macht blieb, war offensichtlich ihre Sprache.

Die Keltiberer

„Die Kelten aber leben jenseits der Säulen des Herakles, sie grenzen an die Kynesier, den am weitesten im Westen lebenden Bewohnern Europas." Schon Herodot, der hier offensichtlich aus einer Quelle des 6. Jahrhunderts v. Chr. schöpft, war nicht in der Lage, Details über die Westgrenze des keltischen Siedlungsgebietes zu liefern. Abseits der nach Süden und Südosten gerichteten Wanderungen und der dadurch ausgelösten Entwicklungen entsteht eine Kultur, deren starke keltische Komponente vor allem auf der Deutung historischer und linguistischer Quellen beruht. Funde einer rein keltischen Latènekultur sind dagegen auf der Halbinsel außerordentlich selten. Nach den Sprachdenkmälern siedeln Kelten im Zentrum, in Lusitanien, später auch in Galizien.

Armorika

Die Völker entlang der europäischen Atlantikküste bildeten während der gesamten Bronzezeit eine kulturelle und ökonomische Einheit. Besiedelt von Völkern gleicher Herkunft, verfügte man hier über außerordentlich

Dieser Hohlbuckelarmring aus dem Départment Tarn, der Ende des 3. Jahrhunderts v. Chr. hergestellt wurde, weist deutliche Parallelen zu Armringen der in Vorderasien siedelnden Kelten auf und wurde möglicherweise von dort importiert.

Ein keltiberischer Krieger? Die Statue vom Castro do Lezenho (Portugal, 2. – 1. Jahrhundert v. Chr.) zeigt einen Krieger mit Halsring und Schild, deren Formen einen Vergleich mit keltischen Funden nahelegen.

reiche Rohstoffvorkommen, insbesondere Zinn, dessen Ruhm bald die Mittelmeerwelt erreichte und zahlreiche Reisende anlockte.

Armorika, das nach Cornwall und dem Südwesten der Iberischen Halbinsel bedeutendste Zinnerzrevier Westeuropas, gelangt zwischen dem 5. und 4. Jahrhundert v. Chr. in den keltischen Einflußbereich: Trinkgefäße und Waffen, wie etwa vom Gräberfeld von Tronoën (Finistère), oder Goldperlen aus dem *Souterrain* von Tréglonou (Finistère) belegen regelmäßige Kontakte mit den Kelten der sich östlich anschließenden Gebiete. Zugleich aber hält man an regionalen Eigenheiten fest. Die bretonische Sprache, heutzutage die einzige keltische Sprache, die auf dem Kontinent gesprochen wird, ist der schlüssigste Beweis für die Zugehörigkeit dieses Gebietes zum einstmals ausgedehnten keltischen Siedlungsraum. Wie die ausgesprochen geschmackvolle Keramik zeigt, ließ man sich hier lange von metallenen Vorbildern aus Norditalien inspirieren.

Im 4. Jahrhundert v. Chr. gewinnt die italisch-keltische Toreutik mit ihren gepunzten Dekoren starken Einfluß auf das Töpfereiwesen in der Bretagne. Das kurvilineare Muster auf einem Gefäß von Kervenez (Finistère) erinnert an den Pflanzenstil der Frühlatènezeit.

Die bronzene Dolchscheide von Kernavest (Morbihan, 5. Jahrhundert v. Chr.) greift auf die Punztechnik des 6. Jahrhunderts v. Chr. zurück.

VIERTES KAPITEL

DIE ZEIT DER RÜCKSCHLÄGE

Der Adler der römischen Legionen dehnt seinen Flug über die Alpen aus. Bald bedroht Cäsar Gallien. Unter den keltischen Stämmen breitet sich Unruhe aus: Sie wählen den jungen Vercingetorix zu ihrem Führer. Doch die Niederlage von Alesia kündigt das Ende des keltischen Europas an. Nur im Westen, in Britannien und Irland, werden die geschlagenen Barbaren die Relikte ihrer alten Kultur bewahren können.

Ungleiche Gegner: Die Römer gehen mit metallenem Harnisch in den Kampf; mit nacktem Oberkörper trotzen ihnen die Kelten, geschützt allein durch ihre Helme und Schilde. Als Symbol der Macht und zum magischen Schutz besitzen einige ihrer Schwerter Griffe in Form stilisierter Menschengestalten.

Schon zu Beginn des 2. Jahrhunderts
v. Chr. gelingt es Rom, die Kelten südlich
der Alpen zu unterwerfen und ihre Kultur
vollständig zu assimilieren. 133 v. Chr.
wird auch die Iberische Halbinsel eingenommen. Es liegt nun nahe, Italien mit
der neuen Provinz im Westen durch einen
Landweg zu verbinden.

Die Eroberung der Narbonensis

Rom besitzt mit Marseille einen treuen Verbündeten an
der Südküste Galliens, der sich allerdings zunehmend von
Ligurern und Kelten bedroht sieht. Als 154 v. Chr. ligurische
Stämme die Niederlassungen um Nizza und Antibes belagern, ruft man erstmals die Römer zu Hilfe. Die Armeen
wehren die Ligurer ab, und Rom zieht sich schließlich
wieder zurück. Eine Generation später (125 v. Chr.) ergeht
der zweite Hilferuf, diesmal wegen der Angriffe des keltoligurischen Stammes der Salluvier. Binnen Jahresfrist
werden die neuen Gegner geschlagen, und ihr Oppidum
bei Entremont fällt in die Hände der Römer. Die Allobroger allerdings, der mächtigste keltische Stamm auf der linken Rhoneseite, gewähren den Unterlegenen Aufnahme.

122 v. Chr. rückt daher erneut ein römisches Heer
gegen sie vor, das trotz des Einschreitens des Arverner-
königs Bituitus die südlichen Alpen passieren kann und
den Sieg davonträgt. Trotzdem versucht der Arverner, die
Vormachtstellung über Gallien zu erlangen. Erneut sind
die Römer gefordert. Der König ruft 300 000 Männer zu
den Waffen, doch die Begegnung endet für die gallischen

I n der Narbonensis,
der 121 v. Chr. durch
Rom eroberten Zone im
Süden, stehen die An-
siedlungen völlig unter
griechisch-römischem
Einfluß. Die in den
Randregionen siedeln-
den Völker sind bis auf
die Ligurer im Süden
keltisch: Im Westen
leben die Volcer, im
Nordosten, nahe bei
den Haeduern, die
Allobroger. Oben eine
moderne Aufnahme der
Ruinen von Glanum,
einer kleinen, aber wirt-
schaftlich bedeutenden
Stadt, die 125 v. Chr.
von den Römern zer-
stört, bald aber wieder-
aufgebaut wird und eine
zweite Blüte erlebt.

Truppen mit einem Desaster. Weithin unbehelligt installieren die Römer nun ihre neue Provinz, die Narbonensis.

Nach ihrem Sieg über die Römer in den Steirischen Alpen bei Noreia (Neumarkt) 113 v. Chr. werden die germanischen Kimbern bei Vercellae (zwischen Mailand und Turin) am 30. 7. 101 v. Chr. von der Armee des Marius vernichtend geschlagen (links).

Marseille ist der Endpunkt der Handelswege mit dem Süden, der durch die Eroberung der Narbonensis noch an Bedeutung gewinnt. Zwischen 75 und 60 v. Chr. sinkt hier vor den Hyèrischen Inseln ein voll beladenes Schiff von 40 m Länge, das bislang größte antike Wrack an der französischen Mittelmeerküste. Die Ladung besteht aus annähernd 6000 Amphoren mit italienischem Wein und Kisten mit Tongeschirr.

Zwischen Römern und Germanen

Im Osten erwächst eine neue Gefahr, denn die Züge der Kimbern und Teutonen sorgen zwischen 113 und 101 v. Chr. beiderseits der Alpen für große Aufregung. Ausgangsgebiet dieser ersten historisch bezeugten Wanderung germanischer Stämme sind Jütland und das Elbmündungsgebiet, die man wahrscheinlich aufgrund einer Reihe von verheerenden Sturmfluten um 120 v. Chr. verlassen muß. Auf der Suche nach einem neuen Siedlungsgebiet gelangen sie bald, dem Lauf der Elbe folgend, nach Böhmen, in das Land der keltischen Boier, doch werden sie hier abgewiesen. Ihr Weg führt zunächst zu den

Donaukelten, später aber wieder nach Nordwesten,
wo sie den Römern 113 v. Chr. bei Noreia erstmals
eine schmerzhafte Niederlage bereiten. Nördlich
der Alpen ziehen sie schließlich nach Gallien.

Mehrmals unterliegen ihnen die Römer bei
Kämpfen in der Narbonensis, bis sie endlich
102 – 101 v. Chr. bezwungen werden können.
Gallien jedoch ist nach dem Ende dieser
harten Prüfungen entkräftet und ruiniert.

Wenige Jahrzehnte später dringt dann
der germanische Stamm der Sueben bis in
das Elsaß vor. Unter Führung von Ariovist
fügen sie den Haeduern 61 v. Chr. eine
empfindliche Niederlage zu. In Südosteuropa erscheinen andere Gegner, wie die
Daker unter dem Kommando ihres Königs
Barebista. Die keltischen Stämme unterliegen ihren Angriffen in der Donauebene.
Um 60 v. Chr. schließen die Daker eine
Allianz mit den Germanen des Ariovist,
um den sich bereits andere germanische
Stämme aus Mittel- und Norddeutschland geschart haben. Vor der drohenden
Gefahr sucht der große Stamm der Haeduer
Schutz bei Rom.

Die dramatische Wanderung der Helvetier

Angesichts der labilen Situation entscheiden sich die Helvetier im Jahre 58 v. Chr., nach Südwestfrankreich auszuwandern. Ihr Exodus gilt, nachdem die Germanen sie wahrscheinlich ein halbes Jahrhundert zuvor aus ihren Siedlungsgebieten in Südwestdeutschland verdrängt hatten, als eine der letzten keltischen Wanderungen.

Abertausende verlassen die Dörfer und übergeben ihre Häuser den Flammen. Ihr erster Sammelpunkt liegt am äußersten Ende des Genfer Sees. Nicht weit von Genf, dem allobrogischen Oppidum, das eine strategisch wichtige Position einnimmt, vereinigen sie sich mit den Massen benachbarter Stämme. Die Gesamtzahl der Auswanderer erhöht sich damit auf 368 000, darunter 92 000 Krieger. Für sie gibt es nur ein Ziel: über die Genfer Rhonebrücke zu gelangen und dann dem Fluß nach Süden zu folgen, um in ihr Aufnahmeland zu gelangen.

Aber Julius Cäsar, der Prokonsul der Provincia, erfährt von ihrem Vorhaben: In Genf eingetroffen, läßt er die Brücke unverzüglich abreißen.

Von den Haeduern zu Hilfe gerufen, vertreibt Cäsar 58 v. Chr. die Sueben aus dem Elsaß. Links sein Zusammentreffen mit Ariovist, dem gefürchteten Führer des germanischen Stammes.

Die über 3 m hohe Eichenholzfigur aus dem Bereich des antiken Hafens von Genava (Genf) wurde um 80 v. Chr. angefertigt und verkörpert möglicherweise eine Schutzgottheit. Die Abbildung links zeigt sie mit einem rekonstruierten Halsring aus dem Goldschatz von Saint-Louis bei Basel, der auf Grund seiner Größe (27 cm Innendurchmesser) höchstwahrscheinlich ein ähnliches Standbild schmückte.

Vor dem Aufbruch nach Genf zerstören die Helvetier ihre Befestigungsanlagen auf dem Mont-Vully.

Verhandlungsversuche scheitern. Die Helvetier versuchen nun mit ihrem Troß von 2 800 Rinderkarren durch die nördlichen Gebiete, das Land der Sequaner, zu ziehen. Schließlich gelangen sie auch in das Gebiet der Haeduer, doch werden sie hier bei der Überquerung der Saône von römischen Legionen angegriffen und überwältigt. Divico, ihr König, fordert einen Waffenstillstand, Cäsar aber verlangt Geiseln. „Geiseln", erwidert Divico, „pflegen wir zu nehmen, nicht zu geben!" Nun erklärt man sich den Krieg. Bald geht das Gerücht um, daß die geschwächten römischen Legionen sich nach Bibracte zurückziehen wollen. Aber die Offensive der Helvetier scheitert, endet gar mit einer Kapitulation. Cäsar gibt den Überlebenden den Befehl, wieder in die von

Als Meisterwerk römischer Ingenieure gilt die Brücke über den Rhein, die es Cäsar 55 v. Chr. erlaubt, seine Angriffe nach Osten hin fortzusetzen.

Unell

Osismier

Coriosolite
Redonen

Veneter

Namneter

ihnen verlassenen Gebiete zurückzukehren und ihre Häuser wieder aufzubauen.

Der Kampf um die Unabhängigkeit

Cäsar wird bald gegen die Germanen zu Hilfe gerufen und kehrt nicht nach Rom zurück. Er beginnt nun, in Gallien Fuß zu fassen, mit dem Plan, seine politische Position in Rom durch Siege in Gallien zu stabilisieren. Ohne ersichtlichen Grund startet er einen Feldzug gegen die Belger, einen der mächtigsten Stammesverbände Galliens; einige, wie die Remer, werden von diesem Angriff derart überrascht, daß sie sich ergeben. Die Belger sammeln ihre Truppen, doch ihre Armee wird an der Aisne zerschlagen und bis zur Somme zurückgedrängt.

Zum Zeitpunkt der Eroberung bietet Gallien kein einheitliches Bild: Im Norden sind die Belger beheimatet, die Cäsar für die Tapfersten hält, da sie am weitesten von der Zivilisation der römischen Provinz entfernt sind. Im Westen leben die Armorikaner, im Zentrum sind die eigentlichen Gallier ansässig. Im Süden liegt die Narbonensis, von der nur ein Teil keltisch ist. Der Südwesten, abgesehen von Enklaven um Bordeaux und Agen, ist das Siedlungsgebiet der iberischen Aquitani.

Bituri
(Vivise

Tarbe

Cäsar entsendet Legionen nach Armorika, um die dortigen Seevölker zu unterwerfen und ihre Flotte zu dezimieren. Ziel ist es, Zentralgallien zu isolieren. Im Vertrauen auf seinen guten Stern träumt er davon, einerseits Germanien, andererseits Britannien erobern zu können. Er rechnet aber nicht mit der erstaunlichen Mobilität der britischen Kampfwagen.

Bei seiner Rückkehr aus Britannien bemerkt Cäsar eine Verschlechterung des politischen Klimas in Gallien, wohl ausgelöst durch die gemeinsamen Agitationen der Carnuten, Senonen und Eburonen. Er versucht die Situation wieder in den Griff zu bekommen. Um seinen Ruf nicht zu verlieren, meldet Cäsar nach Rom, daß er in Gallien die Herrschaft innehabe; doch in der Ferne wird die Eitelkeit seiner Unternehmungen nicht übersehen, und es zirkulieren Schmähschriften.

Vercingetorix, der Mann der letzten Stunde

In Kenntnis der internen Kritik an Cäsar zetteln die Gallier eine Verschwörung an. Die Carnuten schlagen vor, einen nationalen Krieg auszurufen. In ihren Wäldern trifft sich die Versammlung der Druiden. Sie prophezeien den Erfolg des heiligen Krieges um die Unabhängigkeit. Ein Führer wird gewählt: Es ist Vercingetorix, ein Prinz der Arverner.

In einer Serie von nur 27 Exemplaren existiert diese Goldmünze, die auf 52 v. Chr. datiert. Sie trägt den Namen des Vercingetorix und zeigt ihn als jugendlichen Führer.

Unter den Anhängern des Vercingetorix hätte eine Ausstattung ihres Führers, wie sie hier auf dem Bild des Malers François Ehrmann „Vercingetorix ruft die Kelten zur Verteidigung Alesias" zu sehen ist, sicherlich für erhebliche Verwirrung gesorgt. Wie zahlreiche andere Darstellungen des 19. Jahrhunderts zeigt ihn auch dieses Gemälde mit einem bunten Sammelsurium älterer Waffen und Trachtbestandteile. Der Armreif und der Gürtel aus gepunztem Bronzeblech sowie das Antennenschwert mögen auf ca. 600 v. Chr. zu datieren sein. Der Helm entspricht endbronzezeitlichen Funden in Italien, ist also noch etwas älter. Allein der Halsring ist ein Accessoire der jüngeren Eisenzeit.

Der blutjunge Vercingetorix folgt der Armee Cäsars, unter seinem Befehl stehen die von den gallischen Städten als Pfand zur Verfügung gestellten Truppenteile. Zum Führer des gallischen Widerstandes gewählt, beginnt er in Zentral- und Westgallien damit, Truppen auszuheben und ganz Gallien für den großen Aufstand zu organisieren. Er hat präzise Pläne: Es gilt, die Nachrichtenwege der

römischen Armee zwischen Italien und Gallien zu unterbrechen und gleichzeitig Angriffe gegen die Narbonensis, die Haeduer und die Legionen Cäsars in Gallien einzuleiten. Doch die Mobilität der römischen Truppen vereitelt seine Pläne. Die Provincia hat Zeit, ihre Verteidigung aufzubauen, und Vercingetorix muß sich in das Land der Arverner zurückziehen.

Vercingetorix verfolgt nun eine Politik der verbrannten Erde. Doch die Biturger zögern, ihre Stadt Avaricum eigenhändig den Flammen zu übergeben. Dies rächt sich: Trotz erbitterten Widerstands wird die Stadt von den Römern eingenommen, und fast die gesamte Bevölkerung von 40 000 Menschen findet den Tod. Dieses Fiasko stärkt fortan die Autorität des Arverners.

Diese im 2. Viertel des 1. Jahrhunderts v. Chr. geprägte Silbermünze der Haeduer trägt den Namen ihres Stammesführers (Dumnoreix) Dumnorix. Sie zeigt das Bild eines triumphierenden Kriegers mit dem Kopf eines getöteten Feindes in der Linken. In der Rechten hält er die „carnyx", die keltische Kriegstrompete, und wohl das Standbild eines Wildschweines. Dumnorix, zunächst mit Cäsar verbündet, rebelliert, als der römische Feldherr versucht, ihn 54 v. Chr. mit nach Britannien zu nehmen, um so seinen politischen Einfluß zu neutralisieren. Der Römer läßt ihn verfolgen, doch der Kelte widersetzt sich Cäsars Befehlen und betont – kurz vor seinem gewaltsamen Tod – „er sei frei und Bürger eines freien Staates".

Der Politik der „verbrannten Erde" fallen im Land der Biturger mehr als 20 Ortschaften zum Opfer, bis Vercingetorix den Widerstand auf Avaricum konzentriert. Trotz erbitterter Verteidigung unterliegt man aber der überlegenen römischen Belagerungstechnik (links).

Der verhängnisvolle Ritt

Cäsar beginnt nun, die bedeutende Festung von Gergovia zu belagern, doch erweist sich dieses Vorhaben als außerordentlich schwierig. Gleichzeitig wird er von den Haeduern verraten, die alle in ihrem Gebiet lebenden Römer ermorden.

Cäsar ist verunsichert und entscheidet, sich mit seiner Armee in die Provinz zurückzuziehen. Exakt in dem Moment, in dem die Gallier die Möglichkeit haben, die Römer aus ihrem Land zu vertreiben, wendet ein verrücktes Abenteuer ihr Schicksal. Vercingetorix, der mit seiner ganzen Infanterie zurückbleibt, entsendet drei Teile seiner Reiterei, um die Römer zu beunruhigen und ihren Abzug sicherzustellen. Siegessicher schwören die Gallier, nicht zurückzukehren, ohne vorher den Heerzug des Feindes

Als Cäsar durch Überläufer und Gefangene von den Entsatzplänen des Vercingetorix erfährt, umgibt er Alesia mit einem gewaltigen Sperrgürtel: Auf einen rechteckigen Graben von 20 Fuß Breite folgen im Abstand von 400 Schritten zwei zum Teil mit Wasser gefüllte, 15 Fuß breite Gräben und ein Wall mit Brustwehr, Zinnen und Türmen, der durch aus der Mauer ragende Baumkronen zusätzlich gesichert wird. Der Mauer wird sehr bald ein Sperrgürtel aus angespitzten Bäumen und Astgabeln vorgelagert und zusätzlich ein breiter Gürtel von Fallgruben hinzugefügt. Als zusätzliches Hindernis läßt Cäsar einen Streifen mit eisernen Widerhaken bestücken. Er schließt den hermetischen Belagerungsring nach außen hin ab.

zweimal durchritten zu haben. Doch man rechnet nicht mit der Schlagkraft der germanischen Reitertruppen, die Cäsar zu Hilfe eilen, und unterschätzt zugleich auch die Routine des römischen Heeres. Die römischen Truppen kehren um und jagen die gallische Reiterei bis zum Lager des Vercingetorix. Hilflos ziehen sich die Gallier nach Alesia, dem Sitz der Mandubier, zurück.

An den gewaltigen Schanzwerken um Alesia scheitern alle keltischen Entsatzangriffe: Vercingetorix unterliegt und kapituliert. Vorher aber beruft er eine Versammlung ein, erklärt sich noch einmal den verbliebenen Kampfgefährten und legt sein Leben in ihre Hand. Cäsar befiehlt der keltischen Abordnung, die Waffen abzuliefern und ihm die Heerführer vorzuführen. Vercingetorix kommt in Haft und wird sechs Jahre nach seiner Niederlage im Tullianum, dem Todestrakt des römischen Staatsgefängnisses am Abhang des Kapitols, hingerichtet. Später werden Livius, Plutarch und Casius Dio dem keltischen Führer ein literarisches Denkmal setzen.

Die letzten Stunden des freien Galliens

Vercingetorix entsendet seine Kavallerie mit dem Auftrag, in jeder Stadt Soldaten für den letzten Kampf zu rekrutieren. Mit Proviant für 30 Tage verschanzt er sich mit 80 000 hochrangigen Kriegern in Alesia und hofft auf Hilfe aus ganz Gallien.

Die Römer errichten um die Festung ein Netz von Verteidigungslinien, das weder von den Eingeschlossenen noch von Verstärkungstruppen überwunden werden kann. Die Befehle des Vercingetorix werden außerhalb des Lagers nicht verstanden, die Aushebung stockt. Als schließlich Hilfe eintrifft, sind die Eingeschlossenen schon am Ende ihrer Kräfte. Mehrere nehmen den Kampf auf, doch ohne ein ernsthaftes strategisches Konzept. Auch die gallischen Entsatztruppen werden in die Flucht geschlagen und kehren in ihre Herkunftsorte zurück. Für Vercingetorix, den gallischen Freiheitshelden, der „zeitweise nahe daran war, das ganze Werk Cäsars zu vernichten" (A. Heuss), bedeutet dies Aufgabe, Niederlage und schließlich den Tod.

Wenig später beherrschen die Truppen Cäsars Gallien, das nach den Kriegen über 800 zerstörte Städte und Dörfer und wohl drei Millionen getöteter oder versklavter Einwohner zu beklagen hat.

Keltische Münzkunst

Nachdem man zunächst die Statere Philipps II. von Makedonien nachgeahmt hat (unten rechts), entwickeln die keltischen Stempelschneider bald eine eigenständige Münzkunst: Die Darstellungen auf der Vorderseite zeigen Köpfe mit wirrer Lockenpracht, das Zweigespann mit Wagenlenker auf der Rückseite weicht phantastischen Wesen und Szenen, wie Pferden mit Menschenköpfen und Kombinationen von Wagen-, Menschen- sowie Tierdarstellungen zwischen scheinbar abstrakten Ornamenten. Einige Stämme, wie die Parisier, prägen bis zur Eroberung durch Cäsar Goldmünzen, andere verwenden Kupfer-Gold-Silber-Legierungen oder prägen Silbermünzen mit geringerem Feingehalt. Die Cenomanen

plattieren Münzen aus unedlen Legierungen mit Gold. Gerade in Gallien und im Gebiet der Helvetier gießt man aber auch Münzen aus unterschiedlichen Zinnlegierungen.

Die Britischen Inseln

Bereits für das
5. Jahrhundert
v. Chr. läßt sich im
Gebiet der Themse
ein erster Zustrom von
Festlandkelten feststel-
len. Ein großer Teil der
Funde entspricht denen aus
der Champagne, wie etwa
Dolche mit verzierten Scheiden oder Fibeln aus den Werkstätten an der Marne. Doch
erst mit den Belgern, die in
mehreren Schüben in der
1. Hälfte des 1. Jahrhunderts
v. Chr. nach Südengland
gelangen, beginnt die „Kelti-
sierung" der Inseln. Unter den

Neuankömmlingen befinden sich zwei Stämme, deren Namen man auch vom Festland her kennt: So siedeln die Parisier (aus der Umgebung von Paris) in Yorkshire und die Atrebaten (aus der Umgebung von Arras) südlich der Themse, in Hampshire und Sussex. Ihr König Commius unterstützt noch 55/54 v. Chr. Cäsar in Britannien, wechselt dann aber zum gallischen Widerstand auf dem Festland. Nach dessen Niederlage muß er vom Kontinent fliehen und beschließt seinen Lebensabend in Britannien.

Die Stämme Britanniens stellen lange Zeit ihre Wagenheere gegen die Machtansprüche Cäsars. Schließlich landen 43. n. Chr. die Legionen des Claudius. Doch ist der Widerstand damit nicht gebrochen: Im Jahr 61 erhebt man sich unter der Führung der Königin Boadicea, attackiert die Städte Camulodunum (Colchester) sowie Londinium (London) und massakriert die römischen Besetzer. Aber schließlich wird die Revolte unterdrückt. Im Jahr 77 erstreckt das eroberte Gebiet über ganz Britannien. Ausnahmen bilden nur Wales und der Norden Schottlands sowie Irland, das immer zutiefst keltisch bleibt.

Bretagne und Britannien

Während in der Bretagne der Dolch von Kernavest östliche Motive mit der kurvilinearen Ornamentik armorikanischer Gefäße verbindet und der Helm von Fronoën (Finistère) italische Einflüsse zu erkennen gibt, weisen zahlreiche Stelen, wie etwa die von Sainte-Anne-en-Trégastel (Côtes-d'Ármor) aus dem 4. Jahrhundert v. Chr. oder die gleichaltrige, mit symmetrischen Mustern verzierte, kegelstumpfförmige Stele von Kermaria bei Pont l'Abbé (Finistère), in eine andere Richtung, nämlich nach Irland. Das Auftreten verzierter Stelen, die man hier in das

Boudicca, die Königin der Icener, stirbt von eigener Hand, nachdem sie vergebens eine Revolte gegen die Römer ausgelöst hat.

Zahlreiche Befestigungsanlagen an der Küste Irlands reichen bis in die keltische Eisenzeit zurück. Links die Festung von Oghil, die in die Zeit zwischen dem 1. und 5. Jahrhundert n. Chr. datiert wird.

Der Helm mit Hornaufsätzen von der Waterloo Bridge in London (links, unten) wurde zu Beginn unserer Zeitrechnung angefertigt und als Opfergabe in der Themse versenkt. Der einzigartige Fund dient populären Darstellungen der Kelten häufig als Vorlage. Einige Kopfbedeckungen mit zwei oder drei Hörnern gelten gar als heilige Kronen.

3. bis 1. Jahrhundert v. Chr. datiert, deutet
auf einen gemeinsamen künstlerischen
Hintergrund.

Um 300 v. Chr. erscheinen die
ersten Zeugnisse keltischer Kunst
auf den Britischen Inseln, doch erst
im 3. und 2. Jahrhundert v. Chr.
erreicht die Kunst Britanniens
eine stilistische Einheitlichkeit. In
höchster Vollendung verziert man
Waffenteile, wie etwa Schwertscheiden und Schilde. Im 1. Jahrhundert v. Chr. treten zwei Stil-
richtungen in Erscheinung, von
denen die eine sich durch die Zu-
nahme von Tier- und Menschen-
darstellungen auszeichnet, während die andere durch das Erscheinen einer ganzen Serie neuer ab-
strakter Muster besticht, die auf
dem Einsatz des Zirkels beruhen.
Die Kunst der Spiegelherstellung
illustriert den Höhepunkt dieser
komplizierten Technik. Bemerkenswert sind aber auch die Edel-
metallfunde dieser Zeit. Unter
ihnen zählt sicherlich der 20 cm
weite Halsring von Snettisham
(Norfolk) zu den bedeutendsten
vorgeschichtlichen Funden Britanniens. Da es sich bei diesem und
anderen Funden um Hortfunde
handelt, kann man nur vermuten,
wer ihre ehemaligen Träger waren.
Immerhin erwähnt Cassius Dio (150 –
235 n. Chr.), daß die ikenische Königin
Boudicca einen goldenen Halsring trug.

Während auf dem Kontinent die Regeln der griechisch-
römischen Kunst zur Formalisierung der Ornamente führen, bleibt die keltische Tradition auf den Britischen Inseln,
auch nach der römischen Eroberung, noch lange lebendig.

In Irland, außerhalb des römischen Machtbereiches,
bleibt das Keltentum erhalten, und die Kunst der jüngeren Eisenzeit setzt sich bis in die christliche Kunst fort.
Elemente keltischer Ornamentik finden sich auf kleineren

Der aus der Themse
geborgene Schild
von Battersea diente der
Repräsentation, nicht
im Kampf. Mit seinen
symmetrischen Verzie-
rungen und Glaseinla-
gen gilt er als ein Haupt-
werk der keltischen
Kunst in Britannien.

Kunstvolle Bronze-
spiegel mit pracht-
voll verzierten Rücksei-
ten gelten als Spezialität
einiger Werkstätten im
Süden Englands. Über
dem durchbrochenen
Handgriff entwickelt
sich beim Spiegel von
Desborough (hergestellt
um die Zeitenwende)
ein kompliziertes Flecht-
werkmuster.

Bronzegegenständen, wie etwa auf Schatullen, Nadeln
und Trensen. Selbst der Schmuck des Hochmittelalters, wie
die offenen Ringfibeln, zeigen Anklänge an die Kunst der
Eisenzeit: Köpfe von Wasservögeln, kurvilineare Muster, Dreierwirbel,
S-förmige und Doppelspiral-
haken. Die keltische Vorliebe
für virtuose Dekore zeigt
sich besonders auch
in der Buchmalerei.

Wie die urgeschicht-
lichen *Schalensteine*
Mitteleuropas hält man
zuweilen auch die rätsel-
haft verzierten Stelen
keltischer Zeit für Zeug-
nisse früher astronomi-
scher Kenntnisse. Die
gedrungene, pyramiden-
förmige Stele von Ker-
maria (Finistère, 4. Jahrhundert v. Chr.) trägt auf
jeder Seite eine andere
Verzierung. Mit seinen
pflanzlichen Ornamen-
ten erinnert der Stein
von Turoe (Galway,
1. Jahrhundert v. Chr.)
an ältere kontinentale
Schmuckformen.

Die Oppida, befestigte Städte

Bei ihren Feldzügen durch Gallien stoßen die römischen
Truppen auf „aedificia", einzelne Gehöfte, „vici", Dörfer,
und auf „oppida", stadtähnliche Ansiedlungen, die, wie das
Beispiel Avaricum zeigt, mehreren zehntausend Menschen
vorübergehend Platz bieten können. Hinter ihren Mauern
(„murus gallicus") herrscht städti-
sches Leben. Straßen gliedern die
Siedlungsfläche in Viertel unterschiedlicher Funktionen: Hier
finden sich Werkstätten und
Wohnhäuser, aber auch Gebäude
religiöser Bestimmung, Versamm-

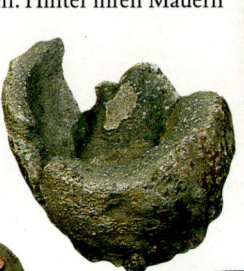

Violett, grün, blau
oder gelb: Die gläser-
nen Ringperlen von
Mathay (Doubs, rechts)
zeigen den perfekten

Umgang der keltischen
Glashandwerker mit
färbenden Mineralien
bzw. Metalloxiden.

lungsplätze, zuweilen auch Freiflächen für das Vieh. In diesem Kontext entsteht eine Art Bürgertum, das hochwertige
Waren herstellt und verbraucht und wahrscheinlich auch
die politische Macht in den Händen hält.

Ein zentrales Oppidum erfüllt Hauptstadtfunktio-
nen. In seinen Mauern prägt man Münzen und bringt sie
in Umlauf. Die zunehmende Zahl der Prägungen ist unter
anderem ein wichtiges Indiz für die Zersplitterung der
Herrschaftsbereiche und die wachsende Autonomie kleinerer politischer Einheiten. Das Verkehrsnetz zu Wasser und
zu Land erreicht seine volle Ausdehnung. Metallwaren,
wie etwa Fibeln, werden in Serie produziert; der Erwerb
von Produkten aus dem Mittelmeerraum wird überall
üblich und eröffnet der nahen römischen Welt wachsenden Einfluß.

Ein Teil der Bevölkerung lebt sicherlich vom Handel.
Wie aber leben die Handwerker? Sind sie frei und unabhängig oder aber an die Klasse der Adeligen oder der

Ein Heiligtum auf
dem Gipfel be-
herrscht Bibracte, den
Sitz der Haeduer. Am
Rande liegen die Hand-
werkerviertel und die
Marktplätze. Neben der
Werkstatt eines Bronze-
gießers fand sich die
Arbeitsstätte eines Email-
arbeiters mit Werkzeu-
gen wie Zange und Tie-
gel und entsprechenden
Rohmaterialien. Bibracte
ist bislang das einzige
Oppidum, daß so viele
Hinweise auf Glasver-
arbeitung lieferte.

Bibracte, das große Oppidum der Haeduer, verdankt seinen Ruhm bedeutenden historischen Ereignissen: Hier tagte die Versammlung der gallischen Führer, die Vercingetorix zu ihrem Heerführer wählte. Nur wenig später aber nutzte es der siegreiche Cäsar als Winterlager, in dem er mit der Abfassung seiner Kommentare begann.

Reiterei gebunden? Zweifellos sichern die Oppida wichtige Verkehrsknotenpunkte, es sind Rastplätze, Anziehungspunkte entlang der großen Handelswege, und natürlich dienen sie auch der Verteidigung der lokalen Bevölkerung. Aber wer steht an ihrer Spitze? Könige, Fürsten oder eine Aristokratie? Es scheint, daß die Situation je nach Region verschieden war: Allgemein mag die Macht in den Händen adeliger Händler gelegen haben.

Der „murus gallicus" ist eine typisch keltische Befestigungstechnik, bei der Wälle bzw. Mauern durch ausschließlich horizontal verlegte Holzrahmen versteift wurden. Neben zahllosen Balken verschlang eine solche Mauer auch eine Unmenge Eisen, denn die Hölzer der mit Erde und Steinen gefüllten Rahmen mußten durch spezielle Nägel miteinander verbunden werden. Zur Stirnseite hin schloß der „murus gallicus" durch eine Trockenmauer ab.

In der Spätlatènezeit erreicht das keltische Schmiedehandwerk seine größte Blüte. Allein im Fundbestand des Oppidum von Manching lassen sich, selbst ohne Berücksichtigung der eisernen Waffen und Schmuckstücke, annähernd 200 verschiedene Gerätetypen nachweisen. Über die gesellschaftliche Stellung der keltischen Schmiede läßt sich zwar nur spekulieren, doch darf die wirtschaftliche Bedeutung der Eisenerzeugung und Verarbeitung sicherlich sehr hoch eingeschätzt werden. Einen besonderen Stellenwert nahm zweifellos die Herstellung der Waffen ein. Aus Eisen fertigte man Schwerter und Ketten, mit denen man die ebenfalls eiserne Schwertscheide am Gürtel befestigte, sowie Lanzenspitzen und die Metallbestandteile der Schilde. Nur wenigen waren eiserne Helme und Panzerhemden vorbehalten. Zuweilen tragen die Schwerter Schlagmarken: Einzigartig ist in diesem Zusammenhang das in griechischer Schrift gekennzeichnete Schwert des Korisios (links). Im Haushalt und auch im Handwerk werden eiserne Geräte und Werkzeuge ebenso unentbehrlich wie in der Landwirtschaft.

Lagerstätten und Ressourcen

Auf dem Land werden Gruben und Steinbrüche angelegt: Aus ihnen fördert man Töpferton oder Rohmaterial für die Gußformen der Bronzegießer, Mergel zur Düngung der

Die befestigte gallische Siedlung von Villeneuve-Saint-Germain (links) liegt in einem Mäander der Aisne und gilt als repräsentativ für größere Ansiedlungen nach dem Ende der keltischen Unabhängigkeit. Die zwischen 50 und 15 v. Chr. intensiv besiedelte Niederlassung zeigt die Grundrisse langer Laubengänge und wahrscheinlich strohgedeckter Gebäude. In ihnen arbeiteten Münzpräger, Bronze- und Eisenschmiede sowie Zimmerleute.

Felder und Steine für den Befestigungsbau. Die dichten Wälder nutzt man mit großer Sachkenntnis. Zu den Erfindungen der Kelten zählt man das Holzfaß, hervorragend fertigen sie auch hölzerne Fuhrwerke.

Bei der Versorgung mit Lebensmitteln spielen die einheimischen Gehöfte eine entscheidende Rolle. Man besiedelt und bewirtschaftet

Eiserne Messer und Scheren dienten hauptsächlich als Geräte zur Körperpflege.

bevorzugt weite, wasserreiche Land-
schaften. Die Jagd spielt offenkundig
nur eine sehr bescheidene Rolle; hauptsächlich sichert man den Fleischbedarf
durch Viehzucht. Schweine, Rinder, Schafe und Zie-
gen, Pferde und Esel sind allerdings von klei-
nerem Wuchs als die heutigen Rassen.
Die Tiere weiden in den Wäldern, und
die Schweine ernähren sich von
Eicheln. Nach den his-
torischen Quellen gelten
die Kelten zwar als lei-
denschaftliche Fleisches-
ser, die, wie die Archäologie
zeigt, selbst Froschschenkel
nicht verschmähen, doch
kommt dem Ackerbau sicherlich
große Bedeutung zu. Dank der
Leistungsfähigkeit der Eisenindustrie
vervollständigt sich im 1. Jahrhundert
v. Chr. das Spektrum der landwirtschaftlichen Geräte. In einigen Gebieten verbes-
sert und düngt man den Boden, eisenbeschla-
gene Pflüge erhöhen den Ertrag, und in den
Ebenen steigt die Zahl der Dörfer. Ihre Fachwerk-
häuser tragen Strohdächer, in Getreidespeichern
lagert man die Ernte, Einfriedungen schützen das Vieh.

Auch in Irland ver-
sucht die experi-
mentelle Archäologie,
alte Kulturtechniken
durch langjährige Frei-
landversuche zu rekon-
struieren. Besonders
interessieren Handwerk,
Landwirtschaft und
Hausbau.

Zur besseren Kon-
trolle des Brandes
bestehen die keltischen
Töpferöfen, wie der von
Sissach (Schweiz), aus
zwei Kammern, die
durch eine Lochtenne
voneinander getrennt
sind.

FÜNFTES KAPITEL

DAS REICH DER GÖTTER

Schreckenerregend sind die antiken Beschreibungen der Wälder der Kelten, dem Sitz ihrer Götter: Kein Wind streicht durch die Kronen der Bäume, doch zittern die Stämme von innen her, es fürchten sich die Vögel, hier auf Zweigen zu sitzen, und die wilden Tiere, im Dickicht zu lagern. Denkmäler und überlieferte Praktiken geben die Komplexität des keltischen Geistes zu erkennen, der, durchdrungen von der Grausamkeit der Götter, auf die Unsterblichkeit der Seele vertraut.

Diese 70 cm hohe Kriegerstatue aus Bronzeblech wurde jüngst in einem Heiligtum bei Saint-Maur-en-Chausée entdeckt. Die symmetrische Frisur aus dichten Strähnen ist auch bei den steinernen Statuten aus dem Midi zu finden, besonders bei den Köpfen im Kapitell des Heiligtums von Entremont (Bouches-du-Rhône, 2. Jahrhundert v. Chr., links).

Die keltischen Heiligtümer sind vor allem eins: heilige, vom Rest der Welt abgetrennte Areale, die oft in einem Zusammenhang mit besonders auffälligen und daher verehrungswürdigen Plätzen in der Natur stehen. Gebäude haben sich in der Regel nicht erhalten: Entdeckt werden meist nur einfache Pfostenlöcher, die Hinweise auf die Form der ehemaligen Tempelbauten geben. Man unterscheidet vier Erscheinungsformen: die sogenannten Viereckschanzen, einfache rechteckige Erdwerke, Heiligtümer vom belgischen oder picardischen Typ, die man aus der Umgebung von Amiens und Beauvais kennt, die keltoligurischen Heiligtümer Südfrankreichs und Quellheiligtümer.

Rätselhafte Viereckschanzen

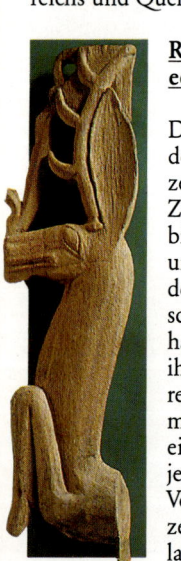

Die Verbreitung der Viereckschanzen reicht von Zentralfrankreich bis nach Böhmen und Mähren. Wie der deutsche Name schon andeutet, handelt es sich bei ihnen um einfache rechteckige Erdwerke mit einem Wall und einem oder mehreren Gräben, die durch jeweils einen Zugang mit der Außenwelt in Verbindung stehen. Erst in den letzten Jahrzehnten konnten besonders in Süddeutschland Viereckschanzen in nennenswertem

Immer wieder nutzte der prähistorische Mensch natürliche Öffnungen im Erdreich zu Opferzwecken. Zuweilen aber schuf er sich derartige Stätten selbst, indem er künstliche, oft erstaunlich tiefe Schächte anlegte. In den keltischen finden sich gelegentlich Holzbalken, in Le Bernard (Vendée) gar ganze Bäume. Wurden hier, wie es eine Szene auf dem Silberkessel von Gundestrup nahelegt, Kultpfähle oder Bäume nach einer Prozession dem Erdreich übergeben?

Die hölzernen Tierfiguren von Fellbach-Schmiden (Baden-Württemberg) gelten als Meisterwerke der spätkeltischen Holzplastik. Sie stammen aus einem Brunnenschacht, mit dessen Bau im Sommer des Jahres 123 v. Chr. begonnen wurde, und gehörten zu einem Heiligtum im Innern der Viereckschanze.

Umfang untersucht und dokumentiert werden. Zugleich werden durch die Luftbildarchäologie fast jährlich weitere, oft vollständig eingeebnete Schanzen entdeckt. Für das Innere der Anlagen, die nach heutigem Kenntnisstand zwischen dem 4. und 1. Jahrhundert v. Chr. in Gebrauch standen, läßt sich bislang kein regelhafter Bebauungsplan belegen, doch lassen sich im Zentrum kleinerer Anlagen Spuren von Gebäuden und Schächte, die mit Kulthandlungen in Zusammenhang stehen, nachweisen.

Makabre Zeremonien bei den Belgern

Vorwiegend in der Gallia Belgica finden sich kleine Kultstätten von 30–50 m Seitenlänge, die aus einem Graben und einem Wall mit Palisade bestehen. Nach dem Alter Tausender Opfergaben zu urteilen, wurden sie hauptsächlich zwischen dem 3. und 1. Jahrhundert v. Chr. genutzt. Als ein Hauptmerkmal dieser Kultstätten gelten die hölzernen, nach Osten hin offenen Tempel im Zentrum: Oftmals sind sie bemalt oder mit Skulpturen geschmückt, zuweilen auch mit wertvollen Waffensammlungen an den Wänden ausgestattet. Nach Cäsar und Livius blieben die vom siegreichen Stamm aufgehängten Waffen mehrere Jahrzehnte an den Wänden des

Aus den belgischen Heiligtümern stammen diese stark verbogenen Schwerter, die man auch in Gräbern des 3. Jahrhunderts v. Chr. häufig antrifft. Man hält sie für „Getötete", die ihren ehemaligen Besitzern in den Tod folgten.

Heiligtums, bis sie schließlich zu Boden fielen und dann
zerschlagen und in die Gräben der Anlage geworfen
wurden.

Auch im Heiligtum von Gournay-sur-Aronde (Oise)
opfert man während des 3. und 1. Jahrhunderts v. Chr.
eiserne Waffen und zahlreiche Tiere. Mit Trophäen
schmückt man die umlaufende Palisade, besonders aber
den Torbereich, an dem man auch Menschenschädel zur
Schau stellt.

Inventarisierte Gebeine

Tieropfer erscheinen in Gournay-sur-Aronde in unterschiedlicher Form, abhängig von der Tierart, ihrem Lebens-
alter und der zu verehrenden Gottheit. Besonders häufig
ist das Rind vertreten, vor allem ältere Tiere, darunter
auch viele Stiere, die durch Beilhiebe in den Nacken oder
Schädel getötet werden. Die Kadaver deponiert man im
großen Graben des Tempels, bis die Knochen sich voneinander zu lösen beginnen. Der Schädel wird dann mit den
Trophäen zur Schau gestellt und der Rest des Skeletts in
einen Graben geschmissen.

Auch Menschenknochen haben einen Platz bei kultischen Handlungen. In Ribemont-sur-Ancre (Somme) entsteht im 3. Jahrhundert v. Chr. das mit 800 m Länge bislang größte ländliche Heiligtum Galliens. Hier stapelt man
die Langknochen von 1000 Individuen im Alter von 15 bis

In Gallien kennt man
das Hauspferd bereits
seit der Bronzezeit, in
der es die Größe eines
modernen Ponys er-
reichte. Nach Cäsar
waren die Kelten leiden-
schaftliche Pferdelieb-
haber, die auch größere
Rassen importierten.
Der Wert, den man
diesen Tieren zumaß,
drückt sich in ihrer
besonderen Behandlung
nach dem Tod aus: Sie
wurden weder verzehrt
noch achtlos in Abfall-
gruben verscharrt,
sondern oft sorgfältig
bestattet.

Sehr eigentümliche Bestattungssitten und Spuren von Opferungen wurden in Ribemont-sur-Ancre entdeckt. Ein Erdwall markiert den Rand einer Grube, in der man die enthaupteten Körper junger Männer und Frauen am Ende des 3. Jahrhunderts v. Chr. skelettieren ließ. Ihre Langknochen (Arme und Beine, Foto links) wurden dann zusammen mit Waffen und Knochen von Pferden um einen zentralen Pfosten aufgeschichtet. Diese systematische Deponierung der Knochen erinnert an Ossuarien (Beinhäuser).

20 Jahren zu einem makabren Würfel
von 1,60 m Seitenlänge. Diese Ossuarien in Pfeilerform finden sich in den
vier Ecken der Anlage. Zwischen ihnen
bedecken enthauptete Leiber den
Boden, deren Schädel man ablöste
und präparierte. Die Umstände, die
zum Tod dieser Menschen führten,
bleiben rätselhaft.

Keltischer Ahnenkult

Nach Nikandros von Kolophon
suchten die Kelten an den Gräbern
ihrer verstorbenen Krieger Rat.
Wertschätzung, Verehrung und
Hoffnung auf Hilfe lassen sich
archäologisch nur durch eine
Reihe von Statuen belegen,
unter denen die Stele von
Hirschlanden möglicherweise
den Anfang markiert. Auch in
Vix, nur 200 m entfernt vom Grab
der berühmten Keltenfürstin, fanden
sich im Eingangsbereich einer viereckigen
Grabenanlage entsprechende Figuren.
Die bekanntesten aber stammen aus den keltoligurischen Heiligtümern Südfrankreichs, aus Entremont, Roquepertuse und Glanum. Steinerne Pfeiler
mit Nischen, in denen Schädel zur Schau gestellt
werden, verzierte Türstürze, bemalte Götterstatuen,

Kriegerdarstellungen mit Rüstung, präsentiert im Schneidersitz, und Darstellungen von Vögeln bilden ein Ensemble aus architektonischen und plastischen Elementen zur Verehrung bedeutender Ahnen.

Das Heiligtum in Roquepertuse erlebt seine Blüte im 3. Jahrhundert v. Chr. und wird im darauffolgenden Jahrhundert, zur Zeit der Romanisierung, in Brand gesteckt. Zwar legen die zur Schau gestellten Menschenschädel einen

Der Kalksteinkopf von Entremont (Bouches-du-Rhône, links) war wahrscheinlich Bestandteil einer Grabskulptur, die den Sieg eines Ahnen über seine Gegner verherrlichte, denn auf dem Kopf eines offensichtlich Toten mit geschlossenen Augen ruht eine große Hand. Die bekannteste Statue aus diesem Heiligtum zeigt die Gestalt eines hockenden Kriegers mit einem zweiteiligen Panzerhemd aus Leder (?), dessen Einzelteile auf der Brust durch eine reich verzierte Schließe miteinander verbunden waren. Gegenüber das Detail eines mit zwei stilisierten Köpfen verzierten Pfeilers. Offen bleibt die Frage, ob diese Bildwerke vor oder nach der Eroberung der Narbonensis angefertigt wurden.

Vergleich mit den sogenannten „belgischen" Heiligtümern nahe, jedoch lassen die Statuen auch hier eher an eine Stätte der Verehrung von Helden oder Ahnen denken.

Kopfjäger?

Der Kopf nimmt in der keltischen Kunst und Religion einen überaus hohen Rang ein. Steinerne Schädelplastiken mit geschlossenen Augen, zuweilen ohne Mund, sind in den Heiligtümern Südfrankreichs außerordentlich häufig. Der Held greift in ihre Haare oder legt seine Hand auf sie: Erinnerung an seine kriegerischen Heldentaten, Symbol für einen ehrenhaften Tod?

Auch für die in den Heiligtümern zur Schau gestellten Menschenschädel hat man

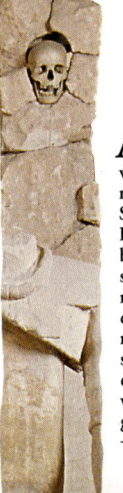

Aus dem keltoligurischen Felsheiligtum von Roquepertuse, dem religiösen Zentrum der Salluvier, stammen die Reste eines berühmten bemalten Portikus, dessen Nischen der Aufnahme von Schädeln dienten. Zweifellos erinnert hier alles an keltische Riten, auch wenn das kulturelle Klima im wesentlich mediterran geprägt war.

bislang keine eindeutige Erklärung gefunden. Handelt es sich um ausgewählte Opfer aus dem Stamm oder um die Schädel enthaupteter Feinde? Historische Quellen bezeugen, daß die keltischen Krieger am Ende einer Schlacht der Kopfjagd nachgingen: Die Schädel der getöteten Feinde hängten sie an den Hals ihrer Pferde und nagelten sie schließlich wie Trophäen an die Eingänge ihrer Häuser. Waren die besiegten Feinde besonders bedeutend, wurden ihre Köpfe sogar einbalsamiert und fremden Besuchern mit Stolz präsentiert!

Das göttliche Wasser

„Aus schwarzen Quellen tritt viel Wasser, und düstere unförmige Götterstatuen erwachsen kunstlos aus den Baumstümpfen: Schon der Moder und die Blässe des verfaulenden Holzes machen betroffen. (...) Kein Mensch besucht diesen Platz, um hier kultische Handlungen zu vollziehen, man hat ihn den Göttern überlassen", berichtet Lukan, ein Dichter des 1. Jahrhunderts v. Chr. Quellen, Teiche und Grotten, Brunnen und Seen sind tatsächlich bevorzugte Opferplätze, Sammelbecken goldener Opfergaben. Was man sich von einem Teil der Opfergaben versprach, zeigen vor allem die hölzernen Votive aus dem Heiligtum der Sequaner an der Quelle der Seine und von der Source des Roches bei Chamalière (Puy-de-Dôme). Insbesondere die Körperteilvotive, wie Arme, Beine, Brüste und Genitalien, weisen auf Erkrankungen und Leiden hin, um deren Heilung willen man diese Plätze auch noch in gallorömischer Zeit aufsuchte.

Trotz einzelner kritischer Stimmen zählt man den für die jüngere Eisenzeit namengebenden Fundort von La Tène zu den bedeutendsten Opferplätzen der Kelten. Dafür sprechen vor allem die zahlreichen, absichtlich zerstörten Waffen. Schwerter, Lanzenspitzen und Schilde dominieren, Schmuck hingegen, sieht man einmal von den zahlreichen Fibeln ab, fehlt. Die menschlichen Skelette zeigen Spuren von Verletzungen, womit eine natürliche Todesursache ausgeschlossen werden kann. Erstaunlich ist auch, daß nur die Schädel von Rindern und Pferden erhalten blieben.

Schmuckopfer

Im Gegensatz zu Waffenopfern
spielen Schmuckopfer erst ab der jüngeren Eisenzeit eine größere Rolle,
wobei während des 2. und 1. Jahrhunderts v. Chr. Horte mit Edel-
metallringen besondere Bedeutung erlangen. Als Vorläufer dieser
Erscheinung gilt der Goldschatz
von Erstfeld (Kanton Uri), der aus
vier Hals- und drei Armringen
besteht, die um 400 v. Chr.
wahrscheinlich einer Gottheit
der Bergwelt geopfert wurden.

Diese roh gearbeite-
ten Holzfiguren
(links) stammen aus
einem Heiligtum der
Sequaner an der Quelle
der Seine und gehören
zu einer Gruppe von 190
Holzobjekten, die beim
späteren Bau eines römi-
schen Tempels zwischen
40 und 70 n. Chr. vergra-
ben wurden. Offensicht-
lich handelt es sich um
Gaben an eine Quell-
göttin, von der man
sich die Heilung körper-
licher Gebre-
chen versprach.
Sie zeigen zwei
wohl typische

Bereits 1882 stieß
man in der sogenannten
„Riesenquelle" bei Dux
in Nordböhmen auf
einen Bronzekessel,
der mehr als tausend
Frauenschmuckstücke,
insbesondere Fibeln
und Ringschmuck,
enthielt. Besonders
viele Horte sind
auch in der Umge-
bung von Toulouse
und im Südosten
Englands, wie

Kleidungsstücke
der Kelten: eine
kurze Kutte mit
Kapuze und den
ärmellosen,
knöchellangen
Mantel. Unten
eine kleine gol-
dene Boots-
miniatur aus
dem Hortfund
von Broighter
(Irland, 1. Jahr-
hundert v. Chr.).
Rechts die Sta-
tuette einer
Tänzerin von
Neuvy-en-Sul-
lias (Loiret).

etwa in Snettisham in Norfolk, zum Vorschein
gekommen, wo man auf einer kleinen Fläche
mindestens acht Schätze entdecken konnte.
Allein die letzten Funde von 1990, Hals-
und Armringe sowie Goldmünzen,
bestehen aus 35 kg Edelmetall.

Geld und Religion

Mit dem Beginn der keltischen Münzprägung im 3. Jahrhundert v. Chr. gelangen zunehmend auch Goldmünzen, oft in Kombination mit goldenen Halsringen, in Depots, für die zuweilen ein religiöser Hintergrund angenommen wird. Doch werden auch durch die Münzbilder Aspekte der keltischen Mythologie sichtbar. Besonders komplexe Bildmotive finden sich unter den armorikanischen Prägungen: Menschenköpfe mit einem Strahl, der aus dem Schädeldach oder dem Gesicht austritt, Perlreihen, die in kleinen Köpfen enden, verrenkte Figuren, Köpfe mit monströsen Augen, fabelhafte Gespanne mit einem Pferd mit Menschenkopf, nackte Reiterinnen, Kriegerinnen mit einer Kopftrophäe.

Unter den ersten keltischen Goldmünzen, die in Süddeutschland und der Schweiz geprägt werden, gibt es eine große Zahl von konvexen Münzen mit magischen Motiven, wie drei zu einem Dreieck angeordnete Punkte und Halsringe mit kugeligen Enden. Häufig und wohl auch in großer Zahl entdeckte man sie nach kräftigen Regenfällen, und so verband der Volksmund das Auftreten der Münzen mit einem ebenso unerklärlichen Naturphänomen, dem Regenbogen,

Die historisch überlieferte Wertschätzung heiliger Bäume durch die Kelten erfuhr 1984 durch die Entdeckung eines ca. 70 cm hohen „Kultbäumchens" in Manching erneut eine archäologische Bestätigung. Offen bleibt jedoch die konkrete Funktion des aus Holz und Bronze gefertigten und mit hauchdünnem Blattgold überzogenen Gegenstandes, der in einem goldbeschlagenen Kasten aufbewahrt wurde.

den man für ein göttliches Gnadenzeichen hielt. Es verwundert daher nicht, daß man diese „Regenbogenschüsselchen" seit dem 16. Jahrhundert als Amulette nutzte.

Götterbilder – Götternamen

Man erzählt, daß Brennos in Gelächter ausbrach, als man ihm den Tempel von Delphi beschrieb. Zu absurd schien ihm die Vorstellung der Griechen, daß die Götter eine menschliche Gestalt besäßen, die man in Holz und Stein nachgebildet zur Schau stellen könne. Denn die Kelten lehnten es generell ab, ihre Götter abzubilden. Dies mag auf den Einfluß der Druiden zurückzuführen sein, die eifersüchtig über den Kontakt mit den Göttern wachten, könnte aber auch ein Ausdruck der tausend Jahre währenden Bevorzugung ornamentaler Kunst sein. Allerdings ändert sich dies grundlegend mit der römischen Machtübernahme: Götterdarstellungen finden von nun an eine weite Verbreitung. Später wimmeln die Legenden der Inselkelten nur so von Hinweisen auf bildliche Darstellungen von Göttern, die nun auch durch ihre Denkmäler auf dem Kontinent nachweisbar werden. Bemerkenswert ist dabei auch der hohe Anteil lokaler Gottheiten.

Einige keltische Stämme besänftigen Teutates und Esus durch fürchterliche Opfer, denn diese Götter sind schreckenerregend: Sie gieren nach Menschenblut. Detailliert berichtet allein ein mittelalterlicher Kommentar zum „Bürgerkrieg" des Lukan über die Opfer, die man ihnen – je nach Vorliebe – darbringt. Für Teutates steckt man einen Menschen kopfüber in einen Kessel, bis er erstickt; für Esus hängt man das Opfer an einem Baum auf, bis es in Teile zerfällt; für Taranis schließlich werden Menschen in einem hölzernen Trog verbrannt, was an die bei Cäsar beschriebenen Menschenverbrennungen im „Korbriesen" erinnert.

Cäsar ist es auch, der in seinem Kommentar zum gallischen Krieg eine Liste der von seinen Feinden verehrten Götter anlegt. Doch bezeichnet er sie mit römischen Namen, da er annimmt, daß die

Die sogenannten „Regenbogenschüsselchen" (links) gehören zu den ersten Münzen nördlich der Alpen. Man findet sie häufig in umfangreichen Hortfunden, wobei allerdings nicht klar ist, ob es sich bei den Deponierungen um Verstecke oder aber um Opfergaben handelte.

Trotz der detailreichen Oberfläche erinnert die Stele von Euffigneix (Haute-Marne, 1. Jahrhundert v. Chr.) an die schlichten keltischen Holzstatuen. Der Halsring, die Eberdarstellung und die Augen an der Seite lassen vermuten, daß die Figur eine Kombination der obersten keltischen Gottheiten darstellt.

Funktionen der keltischen Götter denen der römischen entspricht. So nennt er Merkur, den Erfinder aller Künste, Apollo, der die Krankheiten vertreibt, Minerva, Jupiter und Mars.

Nicht ohne eine gewisse Verwunderung berichtet er über die Verehrung des keltischen Kriegsgottes: In der Regel, so Cäsar, geloben sie ihm vor dem Beginn einer Schlacht die Kriegsbeute. Einmal Sieger, opfern sie die überlebenden Tiere und tragen alles übrige an einem heiligen Platz zusammen. Bei vielen Stämmen kann man Anhäufungen derartiger Gegenstände sehen, und nur selten kommt es vor, daß ein dreister Mensch unter Mißachtung der religiösen Pflichten es wagt, seine Beutestücke zu verbergen oder niedergelegte wegzunehmen. Ein derartiges Verbrechen bestraft man mit dem Tod unter Martern.

Bei den Iren läßt sich eine gleiche Ordnung der göttlichen Mächte feststellen. Der mit Speer und Schleuder bewaffnete Lug trägt den Beinamen Samildanach: Er ist der Gott aller Künste. Als größter Gott erscheint Dagda, der mit einer gewaltigen eisernen Keule kämpft und mit einem unerschöpflichen Kessel über den Überfluß gebietet. Dagda trägt den Beinamen Ollathair und ist Vater aller. Letzter der Triade ist Ogma, der die physische Kraft symbolisiert.

Unter der Regierung des Tiberius widmete die Vereinigung der gallorömischen Binnenschiffer um Paris dem Jupiter ein Denkmal. Dieses Monument wurde bereits 1711 unter der Kathedrale von Notre-Dame entdeckt und zeigt (unter anderem) ein Viergötterrelief mit Namensbeischriften: Neben Jupiter und Vulkan erscheinen die keltischen Götter Tarvos Trigaranus und Esus (links), der hier als athletischer bärtiger Mann, der von einem Baum Zweige abhackt, dargestellt wird.

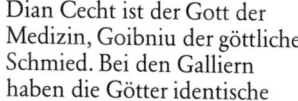

Dian Cecht ist der Gott der Medizin, Goibniu der göttliche Schmied. Bei den Galliern haben die Götter identische Funktionen, tragen aber natürlich andere Namen.

Ein gemeinsamer Stamm

Hinter den zahlreichen regionalen Unterschieden verbergen sich die Wurzeln der keltischen Mythologie. Überall in der Ikonographie findet sich das Symbol der Dreiheit. Darüber hinaus deuten die Zeugnisse auf eine tiefe Hingabe an die Erde hin. In dieser „heiligen Geographie" besitzen Grenzen und Naturräume, alle Teile der Landschaft eine mythische Bedeutung.

Nach jüngsten Untersuchungen waren die Kalksteinfiguren von Roquepertuse (Bouches-du-Rhône) einst bemalt. Dieser Doppelkopf (Mitte) besaß als Bemalung ein rötlich gefärbtes Gesicht und schwarze Haarsträhnen. Er entstand wohl in Anlehnung an das Motiv der doppelköpfigen Hermen der Griechen, erinnert aber durch seine scharf konturierten Gesichtszüge eher an etruskische oder frührömische Vorbilder.

Die Weihegabe der Licinia Sabinilla an die Göttin Artio aus Muri bei Bern gilt als ein eindeutiger Beleg für die fortdauernde Verehrung keltischer Götter in römischer Zeit. So verwundert es nicht, daß auch heute noch Stadt und Kanton Bern den Bären im Wappen führen. Bären und Wölfe waren während der Eisenzeit sicherlich nicht selten, doch haben sie nur wenige Spuren hinterlassen, wie etwa in Form von Zähnen unter den Beigaben keltischer Bestattungen in den Ardennen.

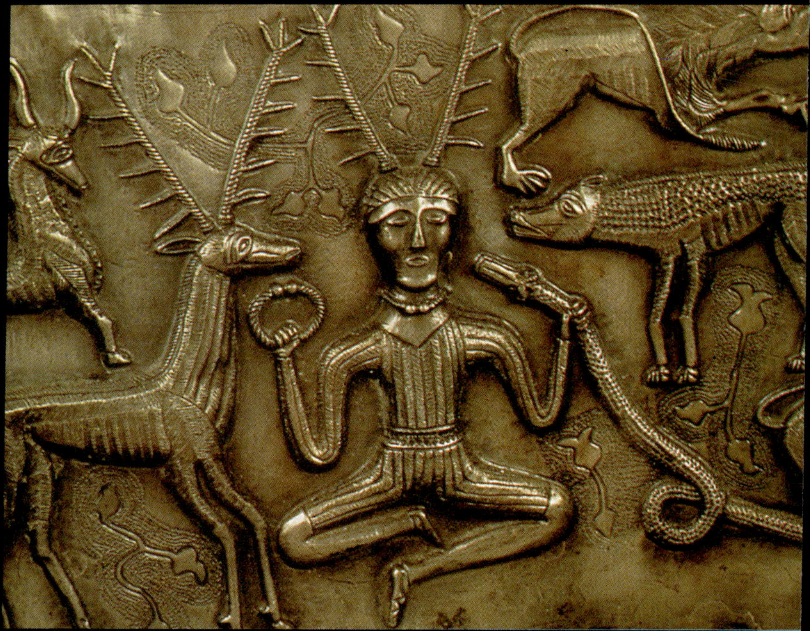

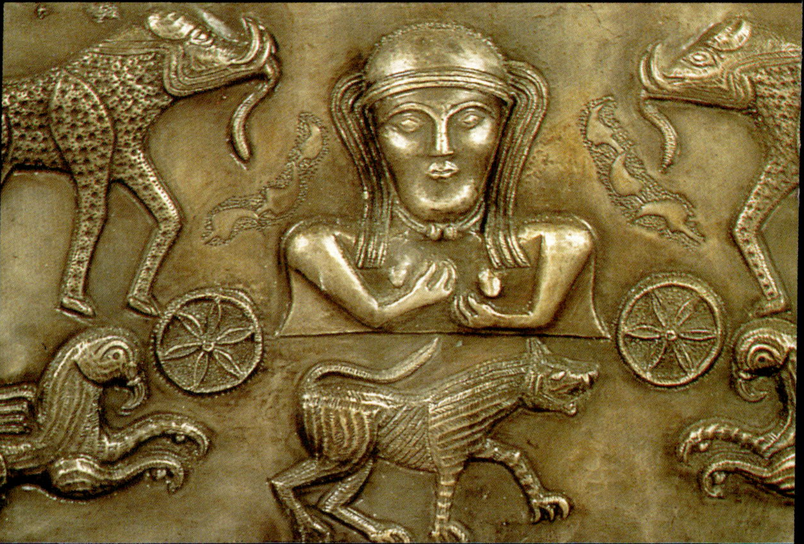

Weit außerhalb des keltischen Siedlungsgebietes, im Norden Jütlands, entdeckt man 1891 in einem Moor bei Gundestrup dieses reich verzierte Kultgefäß. Es stammt höchstwahrscheinlich vom Balkan, von der östlichen Peripherie des keltischen Kulturkreises, und illustriert einen großen Teil der keltischen Mythologie. Die silbernen, teilweise vergoldeten Einzelteile wurden im 1. Jahrhundert v. Chr. angefertigt. Auf den sieben erhaltenen Bildplatten der Außenseite befinden sich Darstellungen männlicher und weiblicher Gottheiten. Im Innern sind auf fünf Platten rituelle Handlungen, etwa der Transport eines Kultbaumes, aber auch weitere Götterszenen dargestellt. Cernunnos (links oben) erscheint im Schneidersitz, mit einer Widderschlange in der linken Hand als Zeichen der Fruchtbarkeit und der Stärke sowie einem tordierten Halsring in der Rechten. Exotische Tiere umgeben eine weibliche Gottheit (links unten). Greifen, Raubkatzen oder Elefanten gehörten sicherlich nicht zum Standardrepertoire der keltischen Kunst, doch waren die im Osten lebenden Kelten gewiß mit den Kriegselefanten der griechischen Heere in Berührung gekommen.

Merkur wird in weiten Teilen Europas verehrt. Seinen keltischen Namen (Lug) tragen mehr als ein Dutzend größerer Städte, darunter Leiden, Liegnitz (Legnica), Carisle und Lyon (Lugudunum). In allen keltischen Ländern feierte man „Lugnasa", ein großes Fest vor der Ernte, durch das man sich eine sichere Einfuhr des Getreides versprach. Die Göttinnen Rosmerta, Nantosvelta, Dammona, Sirona, Neme-

tona und andere treten als Gattinnen der männlichen Götter in Erscheinung. Besonders populär sind Muttergottheiten, die „matres", „matrae" oder „matronae", denn der Kult der mütterlichen Gottheiten ist in der religiösen Tradition der Kelten außerordentlich tief verwurzelt. Als Erzeugerinnen der Stämme begleiten sie Füllhörner, Fruchtkörbe und andere Symbole der Fruchtbarkeit.

Gottvater Dispater ist der Herr über die Erde, und die Gallier glauben, seine Nachfahren zu sein. Esus, ein trotz seiner Gier nach Menschenblut guter Gott, wird bei der Arbeit und Tarvos Trigaranus als Stier mit drei Kranichen hinter einem Baum dargestellt: Beide finden sich auf einem Block des Denkmals der Pariser Binnenschiffer. Der Stier symbolisiert die Fruchtbarkeit und die Macht im Kampf. Unter den wild lebenden Tieren erfahren die Hirsche eine besondere Wertschätzung: Ihr Geweih wächst jedes Jahr nach und ist damit Symbol für die Erneuerung und den Rhythmus der Natur. Cernunnos, der gehörnte Gott, repräsentiert diese Kräfte.

Die Druiden

Sie sind Angehörige der intellektuellen Elite, Meister der Erzählkunst und Poesie und rekrutieren sich aus dem Adel. Sie sind privilegiert, zahlen weder Steuern noch leisten sie Kriegsdienst. Um alle Texte auswendig zu lernen, widmen sich einige von ihnen 20 Jahre lang der Ausbildung, denn es ist verboten, die heiligen Verse niederzuschreiben. Indessen können die hochgebildeten Druiden der Zeit

Tarvos Trigaranus, der Stier mit den drei Kranichen, scheint bis in die irischen Heldensagen hineinzuwirken: Der Held Cuchulainn jagt einen göttlichen Stier, der aber durch drei Göttinnen gewarnt wird, die ihm in der Gestalt von Krähen erscheinen. Cernunnos wird häufig mit Halsring dargestellt; hier trägt er sie an seinem Geweih.

Cäsars nicht nur schreiben, sondern beschäftigen sich darüber hinaus mit Mathematik, studieren die Bewegung
der Sterne und diskutieren die Größe des Weltkreises.
Die Druiden vermitteln zwischen den Menschen und der
Welt der Götter, zu der nur sie Zutritt haben, regeln die
religiösen Zeremonien, leiten die Opferhandlungen und
interpretieren die Zeichen der Zukunft. Ihnen zufolge ver-
geht die Seele nicht nach dem Tode, sondern wechselt in
den Körper einer anderen Person, oder sie überdauert
in einer anderen Welt. Dieser Glaube stimuliert den Mut
der Kelten und macht es ihnen leicht, die Angst vor dem
Tod zu überwinden.

Das Bild des Misteln schneidenden Druiden prägt bis
heute die Ansichten über diese Elite. Tatsächlich handelt es
sich bei dieser Praxis nicht allein um ein magisches Ritual.
Es ist vielmehr die Manifestation eines tiefen Glaubens, in
dem sich ein Gott mit dem natürlichen Wechsel der Jahres-
zeiten verbindet. Die Mistel, eine mehrjährige Pflanze, lebt
auf dem Baum wie der Geist im Körper: als Emanation
eines Gottes oder als dessen pflanzliche Verwandlung.

In seiner „Natur-
geschichte" beschreibt
Plinius der Ältere die
Zeremonie der Mistel-
abnahme: „Die Druiden
halten nichts heiliger
als die Mistel und den
Baum, auf dem sie
wächst, sofern es eine
Eiche ist. (...) Beim
Pflücken betreiben sie
großen Aufwand. (...)
Sie führen zwei weiße
Stiere herbei, deren Hör-
ner sie zunächst bekrän-
zen. Dann besteigt ein
weiß gekleideter Druide
die Eiche und schneidet
mit einer goldenen
Sichel den Mistelzweig
ab, der in einem weißen
Tuch aufgefangen wird.
Darauf opfern sie die
Stiere und beten."

SECHSTES KAPITEL

KELTISCHE TRADITIONEN

Unter dem andauernden Druck der Angriffe von Römern und Germanen weichen die einst so erfolgreichen keltischen Krieger. Ihr Erbe überdauert allein in der Abgeschiedenheit Nordwesteuropas: In Ländern wie Irland und Schottland, die niemals unter das römische Joch gerieten, verbindet sich der keltische Stil mit der christlichen Kunst des 1. Jahrtausends.

Das „Book of Kells" zählt zu den Meisterwerken der irischen Buchmalerei. Es entstand um 800 und besteht aus einer Sammlung lateinischer Evangelien, die von irischen Texten begleitet werden. Die „Chi-Rho"-Seite des Matthäus-Evangeliums (links) zeigt ein extrem feines Muster, das mit bloßem Auge kaum zu verfolgen ist. Rechts die Statue einer „Gottheit mit der Lyra" (um 70 v. Chr.) von Paule (Côtes d'Ármor, Frankreich).

In Irland verteilen sich die keltischen Stammesgruppen auf kleinere ländliche Siedlungen. Es herrschen Könige, die die Einheit und die Bindung an altüberlieferte Territorien repräsentieren. Die Familie, der Clan, das Königreich, die Blutsbande sowie der gemeinsame Grundbesitz sind die Pfeiler dieser im Vergleich zum Kontinent archaisch anmutenden Gesellschaft.

Das Christentum findet bereits im 5. Jahrhundert durch die erfolgreiche Missionstätigkeit des heiligen Patrick weite Verbreitung. In den Klöstern erfährt das keltische Stilempfinden durch die christliche Ikonographie eine Wiederbelebung und bereichert das Metallhandwerk und die Buchmalerei. Von monumentalen Steinkreuzen über Reliquiare und Schreine bis hin zu Bischofsstäben zeigt ihre Gestaltung noch bis in das 12. Jahrhundert traditionelles Formempfinden. Erst mit der Invasion der Angelsachsen und der Ankunft neuer Mönchsorden werden die keltischen Stilmerkmale durch neue Vorstellungen verdrängt. Allein im literarischen Erbe bleibt die Spur der Kelten erhalten.

Sprache und Legenden Altirlands

Die ersten irischen Schriftquellen, zumeist kurze Gedenkinschriften auf Steinen, von denen sich

Hunderte im Süden Irlands finden, sind in Ogamschrift verfaßt und stammen aus dem 6. Jahrhundert. Zwar beruht die Ogamschrift im wesentlichen auf der lateinischen Schrift, doch besteht sie aus einem zunächst verwirrenden System von kurzen und langen, horizontalen oder schrägen und in der Anzahl voneinander abweichenden Linienbündeln, die an einer vertikalen Linie ausgerichtet werden.

Glossen in wenig später verfaßten lateinischen Manuskripten erlauben die Beschreibung des Altirischen und seiner Grammatik. Altirisch erscheint im „Amra Choluimb Chille", einem Gedicht über den Missionar Columban, und in den Büchern von Kells und Armagh. Auch die in Altirisch verfaßten juristischen Schriften geben einen Einblick in die Sprachpraxis und darüber hinaus in die Ideen und Rechtspraktiken Irlands im 7. und 8. Jahrhundert.

Das „Book of Durrow" (links) wurde um 675 angefertigt und gilt als Beleg für die enge und lang anhaltende Verbindung zwischen Buchmalerei und Goldschmiedekunst. In gleicher Tradition stehen auch die Steinskulpturen, in erster Linie die freistehenden Kreuze, deren Radkreuz man oft als „keltisch" bezeichnet. Aus Bettystown in der Grafschaft Meath (Irland) stammt die sog. „Tarafibel" (unten, 8. Jahrhundert n. Chr.), eine reich verzierte Ringfibel aus vergoldetem Silber, die deutliche Bezüge zur insularen Buchmalerei aufweist. Sie zeigt die Bedeutung des spätesten Latènestils und illustriert anschaulich den „Horror vacui" der inselkeltischen Kunsthandwerker.

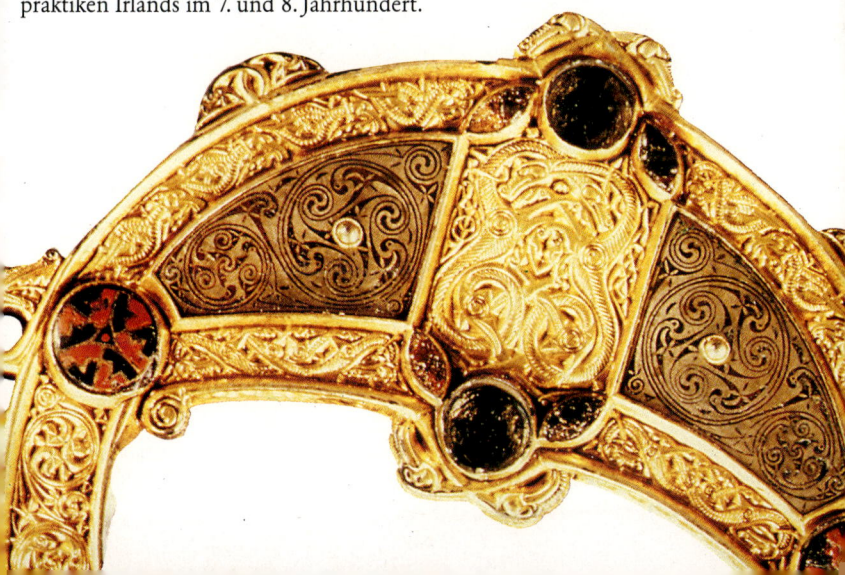

Die Niederschrift der traditionellen Heldengeschichten entwickelt sich in ganz Irland. Im 6. Jahrhundert beginnt man poetische Werke aufzuzeichnen, die schriftliche Fixierung der erzählenden Prosa nimmt im 7. Jahrhundert ihren Anfang. Die Heldentaten der Heroen, der legendären Könige, werden in Zyklen besungen: Sie beginnen mit der Zeugung, berichten über ihre Geburt, beschreiben ihre Reisen in andere Welten und ihre Liebesabenteuer, widmen sich ihren Kämpfen und dramatisieren schließlich ihren Tod. Trotz ihrer oft göttlichen Abstammung bleibt den irischen Helden menschliches Leid nicht erspart. Das heroische Ideal scheint dem der älteren Eisenzeit auf dem Kontinent fast völlig zu entsprechen.

Die riesige Pferdedarstellung am Hügel von Uffington in England gehört zu den großen Rätseln der Archäologie, denn das Motiv kann exakt nur aus der Luft betrachtet werden. Trotz der Nähe zu einer eisenzeitlichen Befestigung und vergleichbarer keltischer Münzbilder wurde es wohl doch nicht vor dem Mittelalter angelegt.

Die Helden der irischen Sagen

Als eines der berühmtesten Werke gilt der in Nord- und Westirland beheimatete „Ulsterzyklus" mit seinem Helden Cúchulainn, dem Abkömmling eines göttlichen Wesens. Beherrschendes Merkmal dieses Heroen ist die Eigenschaft, in einen Zustand „heiliger Raserei" zu verfallen und ein Stadium der Gewalttätigkeit zu erreichen, das es ihm

Gern lassen sich die Krieger von den Liedern der Barden inspirieren, in denen diese die Erfolge ihrer Helden rühmen. Aus

unmöglich macht, Freund und Feind zu unterscheiden. Vieles erinnert hier an die Berichte antiker Autoren über die scheinbar nicht enden wollende Bereitschaft der Kelten, sich bis zur Selbstaufgabe in der Schlacht zu verausgaben. Die Raserei des jugendlichen Cúchulainns findet nicht einmal dadurch ein Ende, daß man ihm hundert entblößte Frauen zuführt. Er wendet sich zwar schamhaft ab, aber erst durch mehrfache Bäder gelingt es, seinen „Mut zu kühlen".

Ein anderer irischer Zyklus, der des Finn, zeigt eine Gemeinschaft von Jägern und Kriegern, die von einem außergewöhnlichen Führer (Finn) geleitet werden und außerhalb ihres angestammten Territoriums Abenteuer zu

dieser Heldendichtung entwickelt sich ein Liedgut, das noch bis in die Gegenwart hineinwirkt und immer wieder interessierte Zuhörer findet. Eine Lithographie des 19. Jahrhunderts (oben) zeigt die freizügige Interpretation keltischen Lebens durch die Romantik. Ähnlichkeiten mit einigen populären Comicfiguren sind wahrscheinlich nicht zufällig.

bestehen haben. In Wales sind schließlich die Erzählungen über den legendären König Artus angesiedelt, eine Sage, die auch keltische Verhaltensmuster aufgreift. Durch den Normannen Robert Wace findet dieses Thema bis 1155 Eingang in die Dichtung und wird bald von Chrétien de Troyes, schließlich von Wolfram von Eschenbach bearbeitet werden.

Das keltische Erbe

Wenn auch die keltische Sprache während der römischen Zeit in den Provinzen an Bedeutung verliert, so hört man in einigen Regionen, und hier insbesondere in den unteren Bevölkerungsschichten, niemals auf, keltisch zu sprechen. Das Kornische, das in Cornwall in Gebrauch war, erlischt im 18. Jahrhundert, aber die modernen keltischen Sprachen Bretonisch, Kymrisch, Irisch und Gälisch-Schottisch werden heute noch gesprochen und gelehrt. In den übrigen Gebieten lassen sich die Spuren der keltischen Sprache besonders gut bei Ortsnamen verfolgen, etwa bei den Endungen auf -dunum (irisch dún = Burg), wie Cambodunum (Kempten), und -durum (irisch dor = Tor, Tür), wie bei Viturdurum, dem heutigen Oberwinterthur in der Schweiz. Auch der Rhein ("Renos") verdankt seinen Namen der keltischen Sprache.

Im 18. Jahrhundert erweckt James Macpherson erneut das Interesse an der keltischen Literatur, indem er – wie sich allerdings erst später herausstellen wird – eigene Texte mit mündlich

Einen nachhaltigen Eindruck hinterließen die von Cäsar überlieferten grausamen keltischen Menschenopfer. Seit mehr als drei Jahrhunderten dient das Motiv des mit Menschen gefüllten „Korbriesen" ihrer Illustration.

Überliefertem vermengt und diese Ossian, einem blinden
Barden des 3. Jahrhunderts in den Mund legt. Gerade in
Deutschland fallen diese „Ossian-Gedichte" auf fruchtba-
ren Boden. Der „Homer des Nordens" begeistert Friedrich
Gottlieb Klopstock, Johann Gottfried Herder und die
Dichter des „Sturm und Drang", nicht zuletzt aber Johann
Wolfgang von Goethe, der den jungen Werther ganze Pas-
sagen aus dem Werk Macphersons deklamieren läßt.

In diese Zeit europäischer Ossian-Begeisterung fällt
die Entdeckung des Kupferkessels von Podmokoly und der
mit ihm vergrabenen Münzen. Die Archäologie der Kelten
nimmt ihren Anfang.

Die „Apotheose der
französischen
Heroen, die für das
Vaterland im Freiheits-
kampf gefallen sind"
von Anne-Louis Girodet
ist ein Beispiel für die
Ossian-Begeisterung in
Frankreich. Auf der fol-
genden Seite ein Detail
der Röhrenkanne aus
dem Fürstinnengrab von
Waldalgesheim (Rhein-
land).

ZEUGNISSE UND DOKUMENTE

Die Fremden im Westen

Lückenhaft sind die schriftlichen Quellen, und schon Herodot, einer der ersten Berichterstatter über die Wohnsitze der Kelten, beklagt seinen Mangel an gesicherten Erkenntnissen, wenn es darum geht, alte Nachrichten über die Länder und Völker am Rande der bewohnten Welt, der Ökumene, zu bestätigen.

Homer, Odysseus und das Licht des Nordens

Bernstein, Zinn und Gold: Die Völker des Nordens, die Bewohner der Länder unter dem Sternbild der Bärin, scheinen über all jene Rohstoffe im Überfluß zu verfügen, die im Süden selten oder überhaupt nicht vorhanden sind. Auf unbekannten oder nur unvollständig zu rekonstruierenden Wegen erreichen die Produkte dieser Regionen das Mittelmeer, und mit ihnen verbreiten sich wohl schon während der Bronzezeit vage Nachrichten über fremde Länder, rätselhafte Naturerscheinungen und wilde Völker.

Die „Odyssee" ist schon vom Thema her besonders reich an derartigen Hinweisen, denn in ihr finden sich eine Reihe von Seefahrergeschichten verarbeitet, deren inhaltlichen Kern man bereits in antiker Zeit nicht mehr allein für Seemannsgarn halten konnte, denn zu detailliert waren die Hinweise auf wochenlange Nächte und extrem lange Tage, auf Polarnächte und lange Polartage: Als Gast am Hofe des Pahaiakenkönigs Alkinoos und seiner Gattin Arete berichtet Odysseus über seine Abenteuer im Lande der Kimmerier und bei den Laystrygonen.

Die Sonne ging unter, und alle Wege versanken im Schatten. Es [das Schiff] aber gelangte zu den Grenzen des tiefwogenden Ozeans, wo das Volk und die Stadt der kimmerischen Männer sind, von Dunst und Wolken verhüllt; niemals schaut auf sie die Sonne

Eine Sandsteinstele mit einfachen menschlichen Gesichtszügen aus dem keltischen Gräberfeld von Rottenburg am Neckar hinab und spendet ihnen Licht mit ihren Strahlen (...). Verderben bringende Nacht liegt stets über den Unglücklichen.

Da ruft der heimkehrende Hirt den hinausziehenden Hirten an, der ihm den Gruß erwidert. Dort könnte ein des Schlafes nicht bedürftiger Mann doppelten Lohn erwerben, den einen Lohn als Rinderhirt, den anderen als Hirt hellglänzender Schafe; denn so nahe sind die Bahnen des Tages und der Nacht.

Homer:
Odyssee
(8. Jahrhundert v. Chr.)

Dort, wo der Sonnenwagen verschwindet, fließt nach Hesiod der an Wirbeln reiche Eridanos, in den (einem Mythos nach) Phaëton stürzt: Seine Schwestern verwandeln sich zu Pappeln, aus deren Tränen Bernstein wird. Doch dann, um 500 v. Chr., fällt zum erstenmal ihr Name:

Massalia, eine Stadt Liguriens in der Gegend des Keltenlandes, eine Kolonie der Phokaier.

Hekataios:
Erdbeschreibung
(ca. 500 v. Chr.)

Nur wenige Fragmente der „Erdbeschreibung" des Hekataios von Milet blieben erhalten, doch gilt es als sicher, daß wenige Jahrzehnte später der um 485 v. Chr. in Halikarnassos geborene Herodot, der „Vater der Geschichtsschreibung", in hohem Maße von den Aufzeichnungen des weitgereisten Mileters profitieren konnte. Herodot kannte aus

eigenen Anschauungen den Unterlauf der Donau (Istros), und hier dürfte er wohl auch erstmals Nachrichten über das Quellgebiet des Stromes erhalten haben. Ihm selbst erschienen aber diese Angaben vage und wohl auch ein wenig unglaubwürdig:

Die Donau entspringt im Keltenlande bei der Stadt Pyrene und fließt durch Europa, indem sie es teilt. Die Kelten aber leben außerhalb der Säulen des Herakles; sie grenzen an die Kynesier an, die unter allen Bewohnern im äußersten Westen wohnen. (...) Über die in Europa am weitesten westlich gelegenen Länder vermag ich nichts Genaues zu berichten. Denn ich kann nicht glauben, daß ein von den Barbaren Eridanos genannter Fluß in ein nördliches Meer mündet und von diesem, wie man sagt, der Bernstein kommt. Auch weiß ich nichts von den Kassiteriden (Zinn-Inseln), von denen das Zinn zu uns kommt. (...) Auch habe ich trotz aller Bemühungen von keinem, der dort gewesen wäre, etwas von der Beschaffenheit des Meeres jenseits von Europa erfahren können. Bei weitem das meiste Gold scheint es im Norden Europas zu geben. Wie es gewonnen wird, auch darüber kann ich nichts Bestimmtes sagen. (...) Die äußersten Länder, die das andere Gebiet umfassen und umschließen, besitzen offenbar das, was uns am schönsten scheint und was wir am seltensten haben.

Herodot:
Historien
(um 450 v. Chr.)

Heiß und kalt

Auf ihren Wanderungen und als Söldner gelangen bald größere keltische Kontingente in weite Bereiche des Mittelmeerraums und mit ihnen wohl auch Kenntnisse über ihre ehemaligen Siedlungsgebiete und die dort vorherrschenden Naturerscheinungen, wie etwa Ebbe und Flut. Mehr als die Herkunft der keltischen Krieger interessiert aber ihr außergewöhnliches Verhalten in und nach der Schlacht: ihre Raserei und die Kopfjagd. Ihr abweichendes Verhalten verlangte nach einer Erklärung.

Sie lieferte der griechische Historiker und Forschungsreisende Poseidonios aus Apameia in Syrien (etwa 135 – 50 v. Chr.), der die Verhältnisse in Gallien aus eigener Anschauung kannte. Vom Geschichtswerk des Poseidonios blieben nur wenige Bruchstücke erhalten, doch ohne ihn wären die Darstellungen keltischer Sitten und Gebräuche bei Athenaeus, Diodor und Strabon nicht möglich gewesen.

Seine Anschauungen von der Bedingtheit eines Volkscharakters durch das Klima des jeweiligen Landes hatte Poseidonios im Ozeanbuch ausführlich begründet, wo eine „Geographie der Rassen" vermutlich der krönende Schlußteil des Werkes war. Jedem klimatisch unterschiedenen Teil der bewohnten Erde entsprach hier ein bestimmter Menschenschlag; die äußeren Extreme bildeten die Bewohner des hohen Südens und Nordens; Hitze und Kälte brachten grundverschiedene seelische Haltungen hervor; hinter allem stand die Sonne als lebenspendender Faktor. Poseidonios ging aber noch weiter. Er differenzierte die bewohnte Erde nicht nur nach geographischer Breite – Hitze oder Kälte –, sondern auch nach geographischer Länge, also mehr westlicher oder mehr östlicher Lage eines Landes.

Wesentliche Punkte der poseidonischen Klima-Theorie sind in einem Abschnitt Vitruvs erhalten; an der Quellenzuweisung kann auch ohne namentliche Nennung des Poseidonios kein Zweifel bestehen. Vitruv schreibt: Ebenso werden die südlichen Völker wegen des leichten Klimas durch ihre von der Hitze scharfe Sinnesart beweglicher und schneller dazu bewogen, Pläne zu fassen. Dagegen sind die nördlichen Völker schwerfälligen Geistes, durchdrungen von ihrem schweren Klima und wegen der drückenden Luft durch die Feuchtigkeit abgekühlt. Daß dies wirklich so ist, kann man an den Schlangen erkennen, die sich am schnellsten bewegen, wenn durch die Hitze die kühlende Feuchtigkeit ausgetrocknet ist, während sie um Neujahr und im Winter, wieder erkaltet durch den Wechsel des Wetters, ganz träge und unbewegt daliegen. So braucht man sich nicht zu wundern, wenn die heiße Luft den Geist der Menschen schärft, die kalte Luft ihn dagegen träge macht. Doch während die südlichen Völker einen scharfen Verstand und eine unbegrenzte Gabe zur Entschließung haben, versagen sie, wenn es auf Tapferkeit ankommt, weil die Tugenden des Mutes von der Sonne ausgesogen sind. Die Menschen aber, die in kalten Gegenden geboren werden, sind schneller bereit zur Heftigkeit des Kampfes; sie sind sehr tapfer, ohne Furcht, aber wegen der Schwerfälligkeit ihres Geistes stürmen sie ohne Überlegung vor, und ihren eigenen Plänen stehen sie ohne geistiges Geschick im Wege.

Zwischen den Extremen der Nord- und der Südvölker leben die Völker der Mitte, wo alle atmosphärischen Einflüsse wohlgemischt sind. Die Vorstellung von der klimatisch besonders günstigen Lage eines bestimmten Landes war ein Topos der Landesbeschreibung und ist schon vor Poseidonios nachweisbar; auch Platon kennt die Bedeutung des Klimas für die Vorzüge eines Landes und spricht von den begünstigten Verhältnissen Attikas. Poseidonios war hier also durchaus abhängig von Vorgängern, doch vertiefte er seinerseits die überlieferten Klima-Lehren durch den Sympathie-Begriff, der in den klimatheoretischen Fragmenten nicht direkt nachweisbar ist, aber zu den Voraussetzungen der Klima-Lehre im Ozeanbuch gehörte.

Die günstige Mittellage und der Beruf zur Weltherrschaft werden von Vitruv dem Land und dem Volk der Römer zugesprochen; viel spricht dafür, daß es nicht allein sein augusteisches Sendungsbewußtsein gewesen ist, das Vitruv beim Lob Italiens zu klimatheoretischen Argumenten greifen ließ. Poseidonios selbst muß es gewesen sein, der Roms Erfolg in der Welt durch einen Hinweis auf Italiens klimatische Bevorzugung durch die Mittellage zwischen allen Extremen erklärt hat. Vitruvs Zusammenfassung poseidonischer Gedanken überliefert so ein wichtiges Bindeglied zwischen den Theorien des Ozeanbuches und den Historien. Er schreibt: Da dies also von der Natur in der Welt so eingerichtet ist, und alle Völker durch das Unmaß ihrer Mischungen verschieden sind, besitzt innerhalb des Bereichs des ganzen Erdkreises und seiner Länder das römische Volk seine Grenzen wirklich in der Mitte der Welt. Denn die Stämme Italiens haben in beiderlei Hinsicht, für die Glieder ihres Körpers wie für die ihrer Tapferkeit entsprechende Geisteskraft, die beste Mischung. Wie nämlich Jupiter zwischen Mars, dem heißesten, und Saturn, dem kältesten Stern in der Mitte umlaufend von gemäßigter Wärme ist, so hat in derselben Weise Italien in der Mitte zwischen Nord und Süd durch die Mischung aus beiden Teilen ausgeglichene und unübertroffene Vorzüge. So bricht es durch seinen klugen Rat die Tapferkeit der Barbaren, durch die Stärke seines Arms die Pläne der Südvölker. So hat der göttliche Geist das Gemeinwesen des römischen Volkes in eine ausgezeichnete und gemäßigte Gegend gesetzt, auf daß das römische Volk sich der Herrschaft über den Erdkreis bemächtige.

Jürgen Malitz:
Die Historien des Poseidonios
(1983)

Keltische Landwirtschaft

„Keltenschnitzel" und Dinkelgerichte bot die Rosenheimer Gastronomie 1993 anläßlich der Sonderausstellung „Das keltische Jahrtausend" an. Sie brachte damit in Erinnerung, daß auch bei den Kelten Bayerns die „Subsistenzwirtschaft", die Erzeugung der zum Leben notwendigen Nahrungsmittel, eine entscheidende Rolle im wirtschaftlichen Gefüge einnahm.

„Wenig Brot, dafür aber viel Fleisch" verzehren die Kelten nach Poseidonios, doch andererseits berichten M. Terenius Varro (116–27 v. Chr.) und Plinius d. Ä., daß man bei den Kelten und Germanen die Felder mit Mergel düngte und das dazu notwendige kalkreiche Gestein vielleicht sogar bergmännisch gewann. Neuerungen, wie etwa die eiserne Pflugschar, werden im keltischen Siedlungsbereich allerdings viel intensiver genutzt als bei den nördlichen Nachbarn.

Die Agrartechnik

Fragen der Agrartechnik in der vorrömischen Eisenzeit stellen sich besonders im Zusammenhang mit dem Auftreten von Altfluren im Gelände. Bronze- und eisenzeitliche Fluren lassen sich in England, Skandinavien, aber auch im nordwesteuropäischen Küstengebiet in Form der sogenannten „celtic fields" nachweisen. Es handelt sich um schmal- oder breitrechteckige, oft auch quadratische oder sonst viereckige Flurstücke, die oft durch Wälle oder Gräben begrenzt werden. Trotz ihrer ethnisch fixierten Bezeichnung als „celtic fields" kommen solche Flurstücke auch in Gebieten vor, die niemals von Kelten besiedelt gewesen sind; ja sie erscheinen in Räumen, die nachgewiesenermaßen von Germanen bewohnt wurden, z. B. in Nordwesteuropa und Skandinavien.

Siedlungen, die sich Komplexen der „celtic fields" mit einiger Sicherheit zuordnen ließen, belegen, daß

Mann mit Hakenpflug auf der Situla von der Certosa bei Bologna

diese Flurstücke während der Bronzezeit, der gesamten vorrömischen Eisenzeit und auch noch während der römischen Kaiserzeit bewirtschaftet worden waren, wobei sich die Nutzung häufig auf eine dieser Perioden oder auch auf Teile davon eingrenzen ließ.

Auf dem Kontinent zeigen die Niederlande, Schleswig-Holstein und die Jütische Halbinsel die häufigsten Vorkommen sogenannter „celtic fields". Niedrige breite Erdwälle oder geländeangepaßte Terrassen, seltener Gräbchen oder Zaungräbchen, bilden die Einhegungen dieser Flurstücke. Parzellen zwischen 1000 und 2000 m^2 Größe kommen am häufigsten vor. Rechteckige oder quadratische, jedenfalls aber viereckige Flurstücke sind am häufigsten anzutreffen. Man könnte sie durchaus als Blockfluren ansprechen.

Unter den datierbaren Flurrelikten dieser Art sind die meisten in die vorrömische Eisenzeit zu datieren. Ein geringer Anteil entfällt auf die römische Kaiserzeit. In den meisten Fällen gründet sich die Datierung der Fluren auf zugehörige Siedlungsreste, seltener auf archäologisches Material, das in den bewirtschafteten Flächen selbst gefunden wurde. Mehrfache Nutzung von Flurstücken während verschiedener Perioden ist ebenfalls nachzuweisen. Nicht alle von ihnen müssen allein dem Ackerbau gedient haben. Eine Nutzung als Weide oder Viehpferch muß ebenfalls in Betracht gezogen werden, wenn sie sich im Einzelfall auch schwer archäologisch nachweisen läßt.

Hinsichtlich der Agrartechnik, mit der die beschriebenen Fluren

bewirtschaftet wurden, sind während der vorrömischen Eisenzeit keine umwälzenden Neuerungen zu beobachten. Der Pflugtypus des Hakens von Walle und seine Verwandten dürften nicht nur in der Bronzezeit, sondern ebenso auch noch in der vorrömischen Eisenzeit gebräuchlich gewesen sein. Vielleicht darf man die einseitige Abnutzung vieler eisenzeitlicher Pflughaken als Hinweis darauf werten, daß man mit einem schräg in den Boden eingeführten Pflughaken wenigstens teilweise den Effekt des Umwerfens von Erde zu erzielen versuchte.

Daß im Verlaufe der älteren vorrömischen Eisenzeit der ursprünglich hölzerne Haken der Pflüge durch Eisenscharen bewehrt oder ersetzt wurde, ist sicher. Den regelrechten Wendepflug kannte man jedoch noch nicht. G. Jacobi weist darauf hin, daß im Vorderen Orient die ältesten eisernen Pflugschare um die Wende des 1. Jahrtausends v. Chr. hergestellt wurden, wie u. a. entsprechende Funde aus Bogatzköy zeigen. Doch weder die griechische Vasenmalerei noch die hallstättische Toreutik zeigen eisenbewehrte Sohlbalken, und alles deutet darauf hin, daß die eisernen Pflugscharen, die nördlich der Alpen gefunden wurden, erst spätlatènezeitlich sind. Es scheint, als sei die eiserne Pflugschar zuerst in den Zentren der Eisenförderung, z. B. im Alpenraum, hergestellt worden. Andere Gebiete hielten offensichtlich noch lange an der hölzernen Pflugschar fest, teils bis ins Mittelalter, teils bis heute, wie in der Türkei zu beobachten ist.

Im übrigen wird man bei der Bewirtschaftung der teilweise recht

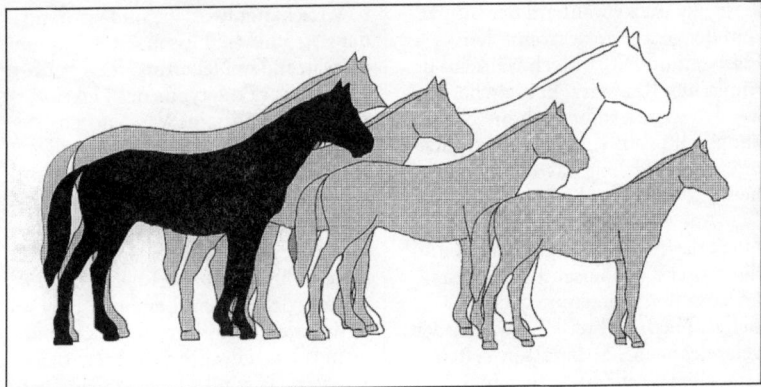

Ob als Reittier oder vor dem Wagen: Pferde sind der besondere Stolz keltischer Männer. Trotz ihrer Begeisterung bleiben allerdings die eigenen Zuchterfolge bescheiden. Mit einer durchschnittlichen Widerristhöhe von 1,25 m ähneln die Pferde von Manching (hellgrau) eher heutigen Ponys und bleiben selbst unter der Größe der kleinwüchsigen Przewalski-Wildpferde (schwarz). Größere Tiere (mit einer Schulterhöhe von ca. 1,50 m) stammen entweder aus dem Karpatenbecken oder aber von römischen Pferdehändlern, die, wie Cäsar schreibt, mit ihren Tieren bei den gallischen Pferdenarren offensichtlich gute Gewinne erzielen. Zum Größenvergleich ein modernes Warmblutpferd (weiß) im Hintergrund.

kleinen ältereisenzeitlichen Blockfluren, die sicher häufiges Wenden mit dem bespannten Pflug erforderten, auch nicht den Einsatz älterer einfacher Ackergeräte wie Hacke und Spaten vergessen dürfen. Stichspuren von Spaten kennt man von bronzezeitlichen und eisenzeitlichen Fluren in den Niederlanden und in England.

Als Zugtier vor Pflug und Wagen bleibt während der gesamten vorrömischen Eisenzeit das Rind führend. Das ist nicht nur dem in der Regel hohen Rinderanteil und einem entsprechend niedrigen Pferdeanteil unter den Tierknochen zu entnehmen, sondern geht auch aus Abbildungen auf den hallstattzeitlichen Situlen hervor. In vielfältigen Formen erscheinen Rind und Stier zudem als Kleinplastiken in der hallstattzeitlichen Keramik- und Metallkunst. Belege für die Benutzung eines speichenrädrigen Wagens finden sich ebenfalls auf den Bildfriesen der Situlen. Die Nutzung des Pferdes, dessen Tierknochenmaterial häufig ziemlich gering ist, wie etwa auf der Heuneburg, blieb vorwiegend auf den kriegerischen Bereich beschränkt. Pferdebestattungen oder die Mitgabe von Pferdeausrüstung in Gräbern zeigen fast durchweg Bestattungen von Mitgliedern der hallstättischen Mittel- und Oberschicht an. In Krieg und Frieden diente das Pferd diesen sozialen Führungsschichten als Statussymbol und zum Kampf. Auch die hallstättischen Situlen dokumentieren eine Fülle von kriegerischen Prozessionen oder Kampfszenen, bei denen das Pferd entweder zum Ziehen des Streitwagens oder als Reittier für den hochgerüsteten Krieger eingesetzt wird. Die gleiche Quellengruppe beleuchtet auch die besondere Bedeutung der Jagd im Rahmen der Lebensführung dieser sozialen Oberschicht.

Der Nutzpflanzenanbau

Paläo-ethno-botanischen Forschungen der beiden letzten Jahrzehnte ist es zu verdanken, daß heute über die Entwicklung und die Veränderungen im Bereich des landwirtschaftlichen Nutzpflanzenanbaus allgemeine Erkenntnisse vorliegen, die auf den an vielen Plätzen gewonnenen Einzelergebnissen aufgebaut sind. Seit dem Neolithikum werden angebaut: Einkorn (Triticum monococcum), Emmer (Triticum dicoccum), Vielzeilengerste (Hordeum vulgare), Rispenhirse (Panicum miliaceum), Erbse (Pisum sativum) und Lein (Linum). Spelzweizen, Zwerg- oder Saatweizen, Linse, Mohn waren ebenfalls im Neolithikum bereits bekannt, doch spielten sie innerhalb der Nahrungswirtschaft dieser Epoche noch keine bestimmende Rolle. In der Bronzezeit kamen zu diesen Anbaufrüchten die Ackerbohne (Vicia faba) und die Kolbenhirse (Setaria italica) zu den vorgenannten hinzu.

Zu einer Umschichtung im Getreideanbau kam es während der vorrömischen Eisenzeit. Roggen (Secale cereale) und Hafer (Avena sativa oder Avena fatua), wahrscheinlich auch Leindotter (Camelina sativa) waren zwar schon seit dem Neolithikum oder seit der Bronzezeit (Leindotter) bekannt; doch beginnen sie erst während der vorrömischen Eisenzeit eine erhebliche Rolle in der Nahrungswirtschaft zu spielen. Offensichtlich wird der Anbau dieser Feldfrüchte ausgeweitet, und zwar auf Kosten anderer, älterer Getreide. Das gilt in besonderem Maße für den Roggen, dessen Anteile schon in der älteren vorrömischen Eisenzeit steigende Tendenz zeigen. Hafer und Dinkel wachsen im Anbaubild ebenfalls an. In Süddeutschland bleibt innerhalb der süddeutschen Hallstattkultur der Weizenanbau durchweg sehr wichtig, und zwar in Form des bis ins ausgehende Mittelalter und die frühe Neuzeit verbreiteten Emmers (Triticum dicoccum). Neu ist die Erkenntnis, daß die Hirse, zumindest im Rheingebiet, während der Eisenzeit ganz erhebliche Bedeutung für die Ernährung besessen hat. Hirse wurde in zwei Arten nachgewiesen. Darüber hinaus gelang es, für 40 Pflanzenarten den ersten Nachweis ihres Vorkommens schon in der vorrömischen Eisenzeit zu erbringen.

Bei den Obstarten bringt die frühe vorrömische Eisenzeit nicht so starke Veränderungen. Seit dem Neolithikum sind Apfel, Birne, Süßkirsche, Schlehe, Weinrebe, Kornelkirsche, Walnuß bekannt. Das Hinzutreten von Sauerkirsche, Rundpflaume, Zwetschge, Aprikose, Pfirsich, Eßkastanie ist erst für die Zeit kurz vor Chr. Geb. festzustellen. Auch Himbeere, Attich, Holunder, Haselnuß, Möhre, Mohn sind bereits eisenzeitlich nachzuweisen. In der Bevorzugung oder Zurückdrängung einzelner Anbaufrüchte oder Obstarten schlagen sich

Nutzpflanzenanbau

	Steinzeit					Bronzezeit			Eisenzeit		Römerzeit	Mittelalter	
	Früh-	Mittel-	Jung-	End-	Spät-	Früh-	Mittel-	Spät-	Hallstatt	Latène		Früh-	Hoch-
Einkorn	■	■	▨	▨	▨	▨	□	■	■	■	□	□	□
Emmer	▮	■	■	■	▮	■	□	■	▮	▮	▮	▨	▨
Spelz, Dinkel					□	▨	▨	▮			▮	▨	▨
Saatweizen	□	▨	▮	■	■	▨	□	▨			▮	■	■
Gerste, mehrzeilig	■	▮	▮	▮	▮	▮		▮	▮	▮	▮	▮	▮
Gerste, zweizeilig									□	□	□	□	□
Roggen								□	■	■	■	▮	▮
Saathafer								□	▨	■	■	▮	▮
Rispenhirse			□			▨	□		▮	▮	▮	■	■
Kolbenhirse						▨	□	▨	▨	■	■	■	■
Erbse	■	■	■	■	■	■	■	■	■	■	■	■	■
Linse					□	□	□	■	■	■	■	■	■
Ackerbohne						□	□	▮	■	■	■	■	■
Schlafmohn	▨	▨	▮	▮	▨	▨	□	▨	▨	▨	▨	▨	▨
Leindotter			▨	▨	▨	▨	□	▨	▨	▨	▨	▨	▨
Lein, Flachs	■	■	▮	▮	▮	▮	□	▮	■	■	■	▮	▮
Hanf								□	▨	▨	▨	■	■

▮ = Nachweis regelmäßig, ■ häufiger, ▨ selten, □ unsicher / fehlende Untersuchungen

selbstverständlich regionale, land-schaftsbedingte Unterschiede nieder. So beherrscht z. B. in Norddeutschland statt des im Neolithikum und in der Bronzezeit dominierenden Weizens in der älteren Eisenzeit die Gerste das Anbaubild. Zur gleichen Zeit dominiert im mittleren und südlichen Deutschland bereits der Roggen, der den Norden noch nicht erreicht hat.

Die Stellung der Oppida im Rahmen der latènezeitlichen Agrarwirtschaft

Der Mangel an gut ausgegrabenen latènezeitlichen Siedlungen des flachen Landes zwingt dazu, Aufschlüsse zur Agrargeschichte der keltischen Zeit bei dem von der Archäologie am besten

Erst mit der Rückbesinnung auf eine vollwertigere Ernährung werden im deutschsprachigen Raum wieder Getreidearten geschätzt, die bei den Kelten noch alltäglich waren. In erster Linie verzehrte man den schnellwachsenden Emmer, einen Verwandten des Saatweizens, der nach der Aussaat im Frühjahr oft bereits nach 3 Monaten geerntet werden konnte. Dinkel ließ sich als Wintergetreide anbauen und dann wegen der festen Verbindung von Korn und Spelzen lange Zeit lagern. Ob man ihn auch unreif erntete, um ihn dann zu dörren (Grünkern), ist ungewiß. Beliebt war auch die Gerste, die allerdings nur in Verbindung mit anderen, eiweißreicheren Mehlsorten verbacken werden konnte. Bei der Begeisterung der Kelten für ihre Pferde ist anzunehmen, daß Hafer und Rispenhirse auch als Viehfutter Verwendung fanden. Eventuell teilte man mit den Nutztieren auch die Hülsenfrüchte, wie Erbsen, Linsen und Ackerbohnen. Wie schon seit der Jungsteinzeit lieferte der Lein mit seinen Samen Öl, während man die Fasern zu Textilien verarbeiten konnte. Möglich ist auch, daß man aus Schlafmohn nicht nur Öl gewann, sondern aus dem Saft der unreifen Samenkapseln auch Opium.

untersuchten Siedlungstyp der beiden letzten vorchristlichen Jahrhunderte zu suchen: bei den keltischen Oppida. Sie eignen sich jedoch nur in begrenztem Maße als unmittelbare Quellen zur Agrargeschichte, denn sie stellen selbst keine primären Zentren der landwirtschaftlichen Produktion dar. Ihren wirtschaftlichen und sozialen Organisationsformen nach stehen die keltischen Oppida vielmehr städtischen Ansiedlungen, insbesondere den antiken Städten des Mittelmeerraumes nahe, die letzthin auch die Vorbilder für sie gewesen sein dürften. Denn als Oppida werden befestigte Ansiedlungen verstanden, die häufig, aber nicht ausschließlich in Höhenlage angelegt wurden; sie waren ständig besiedelt und wiesen eine hohe Bevölkerungsdichte auf. Die Bewohnerschaft war in der Regel arbeitsteilig organisiert, wobei die Berufe des gewerblich-handwerklichen Sektors meist sehr differenziert und reich vertreten waren. (...)

Je nachdem, wie stark man die agrarwirtschaftliche Selbstversorgung der Oppida ansetzt, ergeben sich mehr oder weniger ausgeprägte Abhängigkeiten des Oppidums von seinem Umland, für das es häufig so etwas wie die Funktionen eines zentralen Ortes im geographischen Sinne erfüllte.

Keines der großen keltischen Oppida ist bislang vollständig untersucht worden. So ist es kaum möglich, das Verhältnis zwischen Agrarproduktion und Handwerk über die Dauer der Besiedlung hin exakt zu bestimmen. In Manching schien zunächst der Anteil der handwerklichen Produktion zu dominieren, doch zeigten die fortschreitenden Ausgrabungen bald, daß zumindest in Teilen des Oppidums landwirtschaftlich genutzte Flächen und Gebäude, wie etwa zweischiffige Magazinbauten von 50–55 m Länge und Speicher unterschiedlicher Größe vorherrschten.

Höchst aufschlußreich sind die Ergebnisse der wissenschaftlichen Bearbeitung des Tierknochenmaterials von

Manching. Nicht weniger als rund 400 000 Tierknochenfunde standen den Bearbeitern aus verschiedenen Grabungskampagnen zur Verfügung. Dieses umfangreiche Material, untersucht nach differenzierten Methoden und unter verschiedenartigen Fragestellungen, bietet insgesamt ein sehr genaues Bild von den Verbrauchergewohnheiten der im Oppidum ansässigen Bevölkerung, ja es gestattet sogar, Hinweise auf die ungefähre Bevölkerungszahl der Stadt zu ermitteln. Auch die Tierknochenfunde von Manching vermitteln in erster Linie ein Verbraucherbild. Der Versuch, von hier aus Rückschlüsse auf die Erzeugerverhältnisse zu ziehen, wirft zunächst mehr Fragen auf, als beantwortet werden können.

Von den umfangreichen Ergebnissen der Tierknochenbearbeitung kann hier nur weniges behandelt werden. Bei der prozentualen Aufschlüsselung der Tierknochen aus den Kampagnen 1955 bis 1961 führt das

Neben der Fleischversorgung dienten die Rinder von Manching (hellgrau) sicherlich auch als Zugtiere vor Wagen und Pflügen. Durch unzureichende Futterversorgung bleiben auch diese Tiere weit hinter ihren Wachstumsmöglichkeiten zurück: Einzelne Kühe werden nicht einmal 1 m groß. Im Hintergrund zum Vergleich eine Urkuh (schwarz) und ein modernes Rind (weiß).

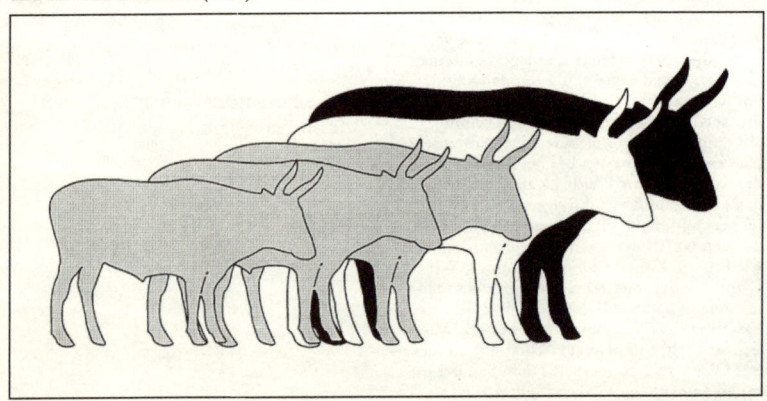

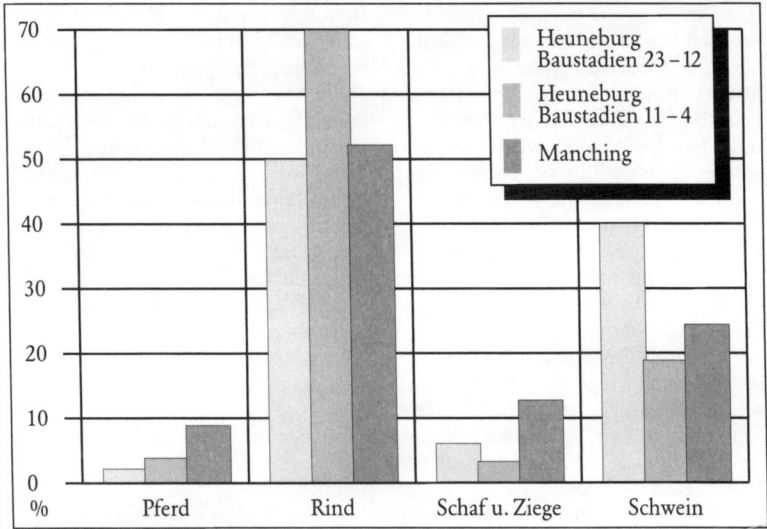

Rind und Schwein dominieren bei der Fleischversorgung der hallstattzeitlichen Heuneburg und des latènezeitlichen Oppidums von Manching. Deutlichere Unterschiede zeigen sich beim Vergleich der Pferde, die man in Manching wohl mit einer gewissen Regelmäßigkeit verspeiste. Erwartungsgemäß ist der Anteil der Wildtierknochen in Manching mit 0,2 % außerordentlich gering, während auf der Heuneburg ein breites Spektrum von Wildtieren mit bis zu 5 % zur Fleischversorgung beitrug.

Rind mit 41,89 % vor dem Schwein mit 32,45 % und Schaf/Ziege mit zusammen 20,08 %. Die Anteile von Pferd und Hund belaufen sich auf 4,74 % bzw. 0,79 %. Vergleicht man die Fundzahlen und -gewichte der wichtigsten Haustiere miteinander, so ergibt sich sowohl bei den Stückzahlen als auch bei den Gesamtgewichten der einzelnen Tierarten die gleiche Reihenfolge. Es führt das Rind bei weitem, dann folgen Schwein, Schaf/Ziege und Hund. Bei der Berechnung der Mindestindividuenzahlen, die im untersuchten Areal jemals vorhanden gewesen sein müssen, ergibt sich folgendes Bild: Schaf/Ziege 2600 Stück, Hausschwein 2400 Stück, Rind 2315 Stück, Haushund 318 Stück, Pferd 230 Stück. Die Bedeutung der Tierknochenfunde für die Fleischversorgung läßt sich erst richtig abschätzen, wenn man vom Gewicht, mit dem die jeweilige Tierart am Gesamtgewicht aller Tierknochen teilhat, ausgeht. Unter der Voraussetzung gleicher Ausschlachtung der Tiere deckten demzufolge die Rinder mehr als die Hälfte des gesamten Fleischbedarfs, Schweine gut ein Viertel, Schaf und Ziege reichlich ein Achtel. Fragt man nach der Anzahl gleichzeitig lebender Tiere der jeweiligen Arten, so spielt vor allem auch das Schlachtalter eine große Rolle, das beim Schwein durchschnittlich bei 2 Jahren, bei Schaf/Ziege bei 3 Jahren, bei Rind und Pferd bei 4 Jahren lag. Jährlich wurden in Manching etwa 50 Pferde, 500 Rinder, 500 kleine Wiederkäuer (Schaf/Ziege) und 500 Schweine geschlachtet. Geht man von einer Schlachtausbeute von 80 % des Lebendgewichtes der Tiere aus, so ist die gesamte jährliche Schlachtausbeute in Manching auf 154 000 kg zu berechnen. Die tägliche Schlachtausbeute allein an Haustierfleisch beträgt dann rund 422 kg. Sie erhöht sich um den allerdings geringfügigen Anteil der Jagdtiere und der Fische.

Welche Menschenzahl kann man mit diesem Tagesbedarf ernähren? Um diese Frage zu beantworten, müßte man den täglichen Kalorienbedarf der Menschen in älterer Zeit wissen. W. Abel setzt ihn in einer Studie wesentlich höher als beim neuzeitlichen mitteleuropäischen Verbraucher an. Die Bearbeiter des Manchinger Materials gehen von einem durchschnittlichen Tagesverbrauch von 250 g Fleisch pro Person aus, wobei Kinder und Greise statistisch ebenso wie die Normalverbraucher in der arbeitsfähigen Bevölkerung angesetzt werden. Auf dieser Berechnungsgrundlage ergeben sich etwa 1700 gleichzeitig lebende Verbraucher in Manching, und zwar als Mindestzahl. Die wirkliche Konsumentenzahl hat nach Meinung der Bearbeiter wahrscheinlich über diesem Wert gelegen, auf jeden Fall im Bereich mehrerer tausend Personen. Damit steht fest, daß die keltische

Bewohnerschaft von Manching ein stark viehwirtschaftlich geprägtes Verbraucherbild zeigt, in dem das Rind als der wichtigste Fleischlieferant erscheint. Dies harmoniert mit mehreren anderen Beobachtungen, z. B. mit der geringen Zahl von Ackerbaugeräten, mit dem beträchtlichen Anteil an Werkzeugen der Lederherstellung und -verarbeitung, mit dem häufigen Auftreten von Herdgerät zum Fleischgrillen (Fleischgabeln, Bratrost, Feuerböcke, Bratspieße) und schließlich mit einer Nachricht des Poseidonius, nach der die Nahrung der Kelten wie folgt aussieht: „Sie besteht aus wenig Brot, aber viel Fleisch, in Wasser gekocht oder auf Kohlen oder am Spieß gebraten."

Das Oppidum von Manching ist mit Sicherheit von außen mit Schlachtvieh versorgt worden. Das Umland des Oppidums wird man sich als eine große Viehzüchterlandschaft vorzustellen haben, in der es umfangreiche Weideareale gab. Leider ist über die Siedlungsstruktur des Manchinger Umlandes bisher kaum etwas bekannt.

Edith Ennen/Walter Janssen:
Deutsche Agrargeschichte.
Vom Neolithikum bis zur Schwelle
des Industriezeitalters
(1979)

Handwerk und Handel

Herstellung und Verarbeitung des Eisens galten in der Antike als ein Höhepunkt der technischen Entwicklung, doch stritt man lange über den ethischen Wert des neuen Metalls. So wertvoll eiserne Geräte im Handwerk und in der Landwirtschaft auch waren, mit den neuen eisernen Waffen erreichten die Kriege, an denen sich bald auch die Kelten beteiligen sollten, eine bislang unbekannte Dimension des Schreckens.

Mit ihrem hellen Kalkverputz und den rechtwinklig vorspringenden Türmen muß die Lehmziegelmauer der Heuneburg bei Hundersingen sicherlich wie eine Demonstration der Macht und wohl auch des Reichtums der hier residierenden Fürsten gewirkt haben.

Dem Eisen ist es zu verdanken, daß sich während der Hallstatt- und Latènezeit die Zahl und der Umfang der archäologischen Quellen noch einmal erheblich vergrößert. Denn Eisen ist im Gegensatz zu Kupfer und Zinn, deren Vorkommen in Europa selten sind, ein „demokratisches" Metall: Seine Lagerstätten sind weithin verbreitet und oft leicht zugänglich.

Traditionell gelten die Oppida als Zentren des keltischen Handwerks, doch dürften auch schon die großen Industriesiedlungen von Hallstatt und Hallein zahlreiche Handwerker angezogen haben. Neuere Forschungen zeigen, daß es neben all diesen Großsiedlungen kleinere Orte gab, die durch eine Spezialisierung auf die Gewinnung und Verarbeitung von Eisen und Salz Versorgungsfunktionen für das agrarisch geprägte Umland erfüllten, möglicherweise aber auch als Zulieferer für die Zentren dienten. Die Dimensionen dieses wirtschaftlichen Gefüges lassen sich zur Zeit zwar kaum überblicken, doch belegen zahllose Funde den hohen Stand des keltischen Handwerks, das von geordneten Zulieferungen wichtiger Rohstoffe abhängig war.

Metallhandwerk

Siedlungen und Gräberfelder der Kelten liefern eine schier unerschöpfliche Fülle an Schmuckgegenständen, Waffen, Geräten und Werkzeugen, die einerseits über handwerkliches Können und Stilempfinden, andererseits auch über technische Fertigkeiten und Herstellungsmethoden Aufschluß geben. Über keinen Lebensbereich der Kelten wissen wir besser Bescheid als über die handwerkliche Produktion, zumindest soweit es

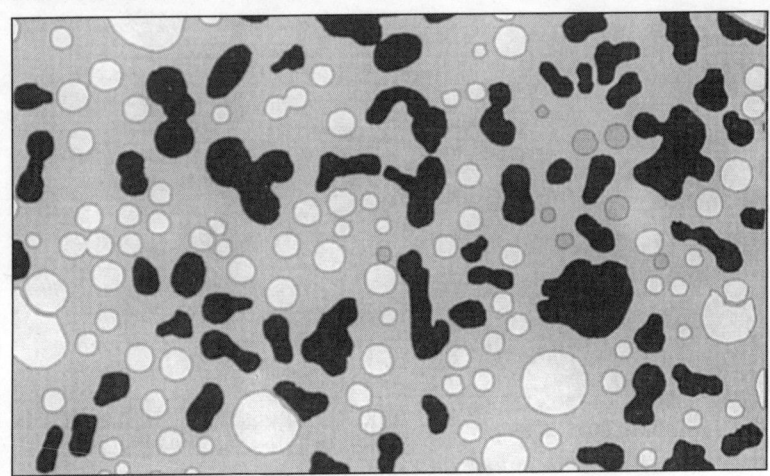

Spätlatènezeitliche Pingen (dunkel) und mittelalterliche Trichtergruben am Michelsberg bei Kelheim (Bayern)

sich um Erzeugnisse aus unvergänglichem Material handelt.

Die technischen Kenntnisse und Fähigkeiten des prähistorischen Menschen werden häufig unterschätzt. Die Kelten beherrschten in der zweiten Hälfte des 1. Jahrtausends v. Chr. eine Vielzahl von Fertigungsmethoden, sie verfügten über einfache Drehbänke für Holz- und Metallbearbeitung, verwendeten die Töpferscheibe und waren Meister der Schmiedetechnik und des Bronzegusses. Auch das Geheimnis der Glaserzeugung sowie die Emailtechnik war ihnen bekannt. Das Interesse an vorgeschichtlichen Techniken ist noch sehr jung. Bis vor wenigen Jahrzehnten hat man das Fundmaterial fast ausschließlich in Hinblick auf kulturelle Zugehörigkeit und Zeitstellung untersucht. Erst nach dem 2. Weltkrieg begann man, die technischen Verfahren und Herstellungsmethoden der Frühzeit eingehender zu erforschen.

Eisengewinnung und Verarbeitung

Die Kenntnis der Eisengewinnung und -verarbeitung war für die Entwicklung der Kultur im 1. Jahrtausend v. Chr. von entscheidender Bedeutung. Aus diesem Grund hat man diesen Zeitabschnitt unter dem Begriff „Eisenzeit" zusammengefaßt.

Die Grundlagen der Eisengewinnung und der Schmiedetechnik wurden im Vorderen Orient erarbeitet. Schon um die Mitte des 2. Jahrtausends v. Chr. standen in Anatolien eiserne Waffen und Geräte in Gebrauch. Vermutlich auf dem Weg über die Balkanhalbinsel gelangte die

Kenntnis des Eisens auch nach Mitteleuropa. Im urnenfelderzeitlichen Fundzusammenhang, ab ca. 1000 v. Chr., finden wir vereinzelt Gegenstände aus Eisen, jedoch erst am Übergang zur nachfolgenden Hallstattzeit im späten 8. Jahrhundert v. Chr. setzte sich der neue Werkstoff allgemein durch.

Das Eisen haben die Kelten in sogenannten Rennöfen aus zerkleinertem Erz unter Zugabe von Holzkohle als Brennstoff erschmolzen. Die auf diese Weise gewonnene Eisenluppe, ein Gemenge aus metallischem Eisen und Schlacke, wurde anschließend nochmals bis zur Weißglut erhitzt und kräftig geschmiedet, wodurch die Schlacke großteils „ausgepreßt" werden konnte. Die Qualität des Eisens hing nicht so sehr vom Schmelzvorgang als von der Erfahrung und Geschicklichkeit des Schmiedes ab.

Zu den Hauptaufgaben des keltischen Schmiedes zählte die Anfertigung von Waffen. Die keltischen Heerscharen waren nicht nur auf Grund ihrer Tapferkeit und ihres Mutes, sondern auch wegen ihrer vorzüglichen Bewaffnung gefürchtet.

Mit besonderer Sorgfalt widmete sich der Schmied der Herstellung der bis zu 80 cm langen Eisenschwerter. Die Klinge sollte möglichst scharf und hiebfest, gleichzeitig aber auch biegsam sein. Man hat daher die Schwertklingen aus mehreren übereinandergelegten Blechstreifen zu-

sammengeschweißt. Die Kanten wurden durch kräftiges Überschmieden und anschließendes Abschrecken in kaltem Wasser gehärtet.

Auch die Schwertscheiden waren großteils aus Eisenblech gefertigt, häufig noch durch gravierte oder gehämmerte Ornamente kunstvoll verziert.

Der Schmied lieferte auch die zugehörigen Koppelringe und Schwertketten, weiters eiserne Spitzen für Wurfspeere und Lanzen.

Die Herstellung von Werkzeugen und Geräten bildete einen weiteren Schwerpunkt der Tätigkeit des Eisenschmiedes. Das „Erzeugungsprogramm" umfaßte eine große Zahl von Werkzeugen, z. B. Äxte, Sägen, Bohrer, Raspeln zur Holzbearbeitung sowie Hämmer, Zangen, Meißel und Punzen für das Metallhandwerk. An landwirtschaftlichen Geräten seien Schaufel, Erdhacke, Pflugschar, Sense, Sichel und Erntemesser erwähnt. Auch im Haushalt waren eiserne Gerätschaften unentbehrlich, z. B. Fleischmesser, Schere, Bratspieß, Kesselhaken, Schlüssel, Möbelbeschläge usw. Die Vielzahl der verwendeten Werkzeuge und Geräte sei an einem Beispiel verdeutlicht: im Fundbestand des keltischen Oppidums Manching bei Ingolstadt wurden rund zweihundert verschiedene Gerätetypen aus Eisen gezählt.

Ab der Mitte des 4. Jahrhunderts v. Chr. hat man in zunehmendem Maße auch Schmuck aus Eisen hergestellt, vor allem Fibeln und Gürtelzubehör. Diese eisernen Schmuckstücke sind nicht gegossen, sondern geschmiedet; die Technik des Eisengusses war in vorgeschichtlicher Zeit nicht bekannt.

Bronzeverarbeitung

Im Gegensatz zu den Arbeitsmethoden des Eisenschmiedes bevorzugte der Bronzeschmied das Gußverfahren. In keltischer Zeit ist fast ausschließlich der „Guß in verlorener Form" geübt worden. Von dem gewünschten Gegenstand hat man zuerst ein Wachsmodell hergestellt und dieses in sandigen Lehm eingebettet. Die Form wurde anschließend erhitzt, um das Wachs auszuschmelzen. Den dadurch entstandenen Hohlraum füllte man mit flüssiger Bronze. Um das Gußstück nach dem Erkalten von der Ummantelung zu befreien, mußte die Form jedesmal zerschlagen werden. Jedes Gußstück ist somit eine Einzelanfertigung, ein Originalstück, das keinem anderen vollständig gleicht.

Der Guß in zweischaligen, wiederverwendbaren Formen aus Ton oder Stein war zwar bekannt und wurde gelegentlich auch angewendet, dieses Verfahren eignet sich jedoch nur für sehr einfache Formen.

Den hohen Stand der Gußtechnik belegen die im sogenannten Überfangguß hergestellten Arbeiten, wie z. B. die Ortbänder von Schwertschneiden. Dabei hat man an das fertige Schneidenblech zunächst die Form des Ortbandes in Wachs anmodelliert, anschließend im Ausschmelzverfahren das Wachs durch Metall ersetzt. In diesem Zusammenhang ist auch der Verbundguß zu erwähnen, eine Technik, bei der man einzelne Werkstücke durch Verfüllen der Nahtstelle mit flüssigem Metall verbunden hat.

In der Bronzeverarbeitung stand neben den genannten Gußverfahren auch die Treibtechnik in Anwendung. Durch kräftiges Hämmern mit einem Treibschlegel hat man aus einer gegossenen Bronzeplatte dünnes Blech hergestellt, das vor allem für Bronzegefäße, Schwertscheiden und verschiedene Beschläge benötigt wurde.

Die Verwendung einfacher Drehbänke ist durch Funde des Dürrnberges mehrfach bezeugt. Gegossene oder getriebene Werkstücke wurden in eine Drehbank eingespannt, in rasche Rotation versetzt und mittels eiserner, besonders gehärteter Klingen abgedreht. Mit dieser Vorrichtung konnten auch runde Vertiefungen, z. B. für Einlagen aus Koralle, ausgefräst werden. Solche einfachen Drehbänke waren gleichermaßen für die Bronze- und Holzbearbeitung – vor allem für das Drechseln von Holzgefäßen – sowie für die Bearbeitung von Bernstein, Koralle, Sapropelit etc. geeignet.

Feine Gravierungen auf Bronzegegenstände hat der keltische Schmied mit Hilfe eiserner Stichel eingeritzt. Die besonders im östlichen Frühlatènebereich beliebten Bogenmotive sind mit einer Art Stechzirkel eingraviert worden.

Die farbige Wirkung der goldglänzenden Bronze suchte man durch Auflegen oder Einlegen von roter Koralle – seltener auch Bernstein – zu erhöhen. Stäbchen- oder scheibenförmige Koralleneinlagen wurden in ausgesparte Vertiefungen eingesetzt und verklebt. Zur Befestigung von Auflagen dienten dünne Nietstäbe aus Bronze oder Eisen.

Die Blütezeit dieser Verzierungsart fällt in die späte Hallstattzeit sowie in die Frühlatèneperiode. Koralleneinlagen finden sich nicht nur auf Bronzeschmuck, sondern auch auf prunkvoll ausgestatteten Geräten und Waffen. Im Verlaufe der Latèneperiode wurde die aus dem Mittelmeer importierte Koralle in zunehmendem Maße durch Email ersetzt. Die Kelten verwendeten ausschließlich rotes Blutemail, die Kenntnis der Herstellung haben sie vermutlich aus dem Osten übernommen. Dünn aufgetragene Emailfarbe hat man durch Erhitzen auf rund 900 Grad zum Ausschmelzen gebracht. Diese Verzierungsart setzt bereits im 4. Jahrhundert v. Chr. ein, erreicht jedoch erst in der spätkeltischen Kunst auf den Britischen Inseln ihre höchste Blüte.

Gold für die Götter: Detail eines der hohlen Goldhalsringe von Erstfeld, Kanton Uri

Goldschmiedearbeiten

Die Arbeit des Goldschmiedes unterschied sich nur wenig von jener des Bronzehandwerkers, er benutzte ähnliche Herstellungsverfahren und Werkzeuge. Es darf angenommen werden, daß keine strenge Trennung zwischen diesen beiden Handwerkszweigen bestand und häufig in ein und derselben Werkstätte sowohl Bronze als auch Edelmetall verarbeitet wurde. Kleinere Schmuckstücke, z. B. Fingerringe, hat man aus Gründen der Materialersparnis aus dünnem Goldblech getrieben. Für massive Arm- und Halsringe fand das Gußverfahren Anwendung. Den keltischen Goldschmieden waren auch Filigrantechnik sowie Granulierung vertraut. Beim Granulationsverfahren wird dünner Golddraht über einer Flamme zum Schmelzen gebracht und abtropfende Goldkügelchen auf ein vorbereitetes Schmuckstück aufgeschmolzen. Die Anwendung dieses ebenfalls aus dem Mittelmeerraum übernommenen Verfahrens blieb jedoch auf das ostkeltische Gebiet beschränkt.

Nach Berichten des Diodor gab es in Gallien kein Silber, dafür aber reichlich Gold. Diese Nachricht deckt sich weitgehend mit dem archäologischen Befund. Das Silber war zwar bekannt, es spielte aber im Verhältnis zu Gold nur eine untergeordnete

Die Fertigkeiten keltischer Metallhandwerker spiegeln sich auch in den eigenwilligen Münzbildern.

Rolle. Im Fundbestand des Dürrnberges sind lediglich ein Armringpaar sowie einige Fingerringe aus Silber vertreten.

Schmuck aus Glas, Bernstein, Gagat ...

Für die Herstellung von Schmuck fanden bei den Kelten nicht nur alle bis dahin bekannten Metalle Verwendung, sondern auch Glas, Bernstein, Bein, Horn, verschiedene Arten fossilen Kohlenstoffes sowie organische Materialien, wie Früchte und Federn, die jedoch in den seltensten Fällen erhalten geblieben sind.

Im 6. und 5. Jahrhundert v. Chr. war der Südostalpenraum, insbesondere das krainische Gebiet, ein Zentrum der Glaserzeugung. Von hier gelangten Glasperlen als Importgut nach Mitteleuropa, in den Salzmetropolen Hallstatt und Dürrnberg wurden große Mengen krainischer Perlen

gefunden. In der Frühlatèneperiode, etwa im 4. Jahrhundert, entstanden auch im keltischen Bereich die ersten Glasmacherwerkstätten.

Als Rohstoffe für die Glaserzeugung benötigt man Quarzsand und Soda mit Beigaben von Kalk. Dieses Gemisch wird über einen längeren Zeitraum erhitzt, anschließend rasch abgekühlt. Dadurch entsteht eine durchsichtige, weitgehend farblose Glasschmelze. Die Zugabe verschiedener Mineralien, wie z. B. Metalloxyde, bewirkt eine intensive Färbung.

Die Kelten haben Glas ausschließlich für die Herstellung von Schmuck verwendet. Beobachtungen bei afrikanischen Handwerkern, die heute noch ähnlichen Glasschmuck erzeugen, ermöglichen Rückschlüsse auf die Arbeitsmethoden der keltischen Glasmacher.

Für die Herstellung von Glasperlen benützte man dünne Metallstäbe, auf die glühendheiße, zähflüssige Glasmasse aufgebracht wurde. Mit Hilfe einfacher Spachteln formte man unter ständigem Drehen den Glasklumpen; ein ähnliches Verfahren läßt sich auch für die Fabrikation von Glasarmreifen erschließen. Keltische Glasarmringe sind stets nahtlos gearbeitet, sie müssen daher in einer Art Schleuderverfahren hergestellt sein, wie dies heute noch bei afrikanischen Handwerkern Anwendung findet.

Auf einem Eisenstab – auch Holzstäbe können durch langes Einweichen weitgehend feuerbeständig gemacht werden – hat man zähflüssiges Glas aufgewickelt und unter ständigem Drehen über der Holzkohlenglut zu einem Ring geformt. Anschließend hat man den Stab in rasche Rotation versetzt und damit den Glasring allmählich ausgeweitet, bis der gewünschte Durchmesser erreicht war. Die Innenseite keltischer Glasarmringe ist daher immer glatt, die Außenseite hat man dagegen mit Hilfe von Spachteln und Zangen profiliert. Aufgelegte Glasfäden verstärkten die farbige Wirkung der Armringe. Die Herstellung der Glasarmringe setzt in der Mittellatèneperiode (ab ca. 250 v. Chr.) ein, in der vorangehenden Frühlatèneperiode bevorzugte man neben bronzenem Ringschmuck vor allem schwarzglänzende Armringe aus fossiler Kohle, die in der Natur als Sapropelit oder Gagat auftritt. Besonders der aus Nordböhmen stammende Sapropelit fand weite Verbreitung und wurde auch am Dürrnberg verarbeitet. Im Bereich des sogenannten Ramsautales ist durch Funde von Rohmaterial und Armreifbruchstücken eine Werkstätte zur Verarbeitung von Sapropelit nachgewiesen.

Sapropelit und Gagat weisen nur einen geringen Härtegrad auf und sind daher leicht zu bearbeiten. Mit Hilfe von einfachen Drehbänken hat man aus dem Rohmaterial Ringe herausgeschnitten, diese anschließend überarbeitet und poliert.

Ähnliche Herstellungsmethoden standen auch bei der Verarbeitung von Bernstein in Anwendung. Sowohl Perlen von Halsketten als auch große, ringförmige Anhänger wurden durchwegs auf der Drehbank erzeugt.

Die Blütezeit des Bernsteinschmucks fällt in die späte Hallstattperiode und reicht noch in die Frühlatènezeit. In der nachfolgenden Mittel- und Spätlatènezeit tritt Bernsteinschmuck kaum mehr in Erscheinung. Gelegentlich hat man auch Horn und Bein zu Schmuck verarbeitet.

Töpferei

Das Töpferhandwerk kann auf eine nahezu zehntausendjährige Entwicklung zurückblicken. Die Wiege der Töpferei ist im Vorderen Orient zu suchen, in Anatolien standen Tongefäße bereits im 7. Jahrtausend v. Chr. in Gebrauch. In der zweiten Hälfte des 5. Jahrtausends verbreitete sich die Kenntnis der Gefäßherstellung auch in Mitteleuropa.

Die Latèneperiode ist eine Blütezeit des Töpfergewerbes, in diesem Zeitabschnitt hat man in weiten Bereichen Mitteleuropas den Schritt von der Heimproduktion für den eigenen Bedarf zur Serienherstellung in großen spezialisierten Werkstätten vollzogen.

Das für die Töpferei notwendige Rohmaterial Tonerde, ein durch Verwitterung feldspatiger Gesteine entstandenes Mineralgemenge, steht nahezu überall in unbeschränkter Menge zur Verfügung. Die in der Natur vorkommenden Tone enthalten verschiedene Mineralbeimengungen und sind damit für die Gefäßerzeugung geeignet. Häufig hat man jedoch durch Beigabe von Magerungsmitteln, z. B. Quarzsand, die Qualität des Tones zu verbessern gesucht. In der Latènezeit bevorzugte man für Kochgeschirr graphithaltigen Ton, der den Gefäßen größere Dichte und Hitzebeständigkeit verleiht. Durch langsames Erhitzen auf rund 600 – 800 Grad erlangt der Ton die notwendige Festigkeit, dabei verliert er sein chemisch gebundenes Wasser. Man könnte Keramik als den ältesten von

Menschenhand erzeugten Kunststoff bezeichnen.

Für den Brand der Tonware verwendete man in keltischer Zeit große, mit einer Kuppel überdeckte Brennöfen, bei denen die Brennkammer über dem Heizraum liegt. Die heißen Heizgase steigen aus dem Feuerraum durch zahlreiche Löcher in der Zwischendecke in die Brennkammer auf und umstreichen die aufgestapelte Tonware. Die genaue Einhaltung der notwendigen Brenntemperatur bereitete häufig Schwierigkeiten, wie große Mengen von zerschlagener Fehlbrandware in aufgefundenen Töpfereien beweisen.

Vorgeschichtliche Keramik ist in der Regel handgeformt, man hat die Gefäße aus Tonschnüren aufgebaut, anschließend verstrichen und geglättet („Aufbaukeramik"). Der exakte Kreisquerschnitt und die scharfkantige Profilierung mancher hallstattzeitlicher Gefäße läßt jedoch darauf schließen, daß man diese Stücke auf einem drehbaren Untersatz abgedreht hat. Einfache Vorformen der Töpferscheibe, sogenannte langsam drehende Scheiben, standen somit schon in der Hallstattperiode in Verwendung.

Eine revolutionäre Änderung in der Gefäßerzeugung ergab sich erst mit der Einführung der schnell rotierenden Töpferscheibe, die es ermöglichte, Gefäße in sehr kurzer Zeit aus einem Tonklumpen hochzuziehen. Die Kelten haben die Töpferscheibe am Ende der Hallstattzeit aus dem Mittelmeerraum übernommen, die Anwendung blieb jedoch vorerst auf wenige zentrale Plätze beschränkt. Erst im Laufe der Latèneperiode setzte sich dieses neue Herstellungsverfahren im gesamten keltischen Gebiet durch.

Eines jener Siedlungszentren, in dem die Töpferscheibe bereits zu einem sehr frühen Zeitpunkt Eingang fand, ist der Dürrnberg bei Hallein. Die hallstattzeitliche Keramik des Dürrnberges ist noch zur Gänze handgeformt, doch bereits am Beginn der Latènezeit tritt erstmals Drehscheibenware in Erscheinung. Rund ein halbes Jahrhundert bestehen beide Herstellungsverfahren nebeneinander, dann allerdings, etwa ab dem 4. Jahrhundert v. Chr., wird die gesamte Keramik an diesem Ort auf der Scheibe hergestellt.

Anhand des Fundbestandes kann auf eine sehr umfangreiche Keramikproduktion am Dürrnberg geschlossen werden. Es ist anzunehmen, daß mehrere Werkstätten gleichzeitig in Betrieb standen. Der Fund einer Unterlagsplatte für eine Töpferscheibe bestätigt die Existenz einer Töpferei am Dürrnberg. Auf dieser ursprünglich im Boden einer Werkstätte eingelassenen Steinplatte war die Achse einer Töpferscheibe gelagert. Nach sehr vorsichtigen Schätzungen hat man mit Hilfe dieser Töpferscheibe mindestens zehntausend Gefäße angefertigt.

Die Formen der Gefäße sind im Verlaufe der Latèneperiode einem sehr starken Wandel unterworfen, darüber hinaus sind sehr große regionale Unterschiede festzustellen. Die Keramik des östlichen Frühlatènebereichs unterscheidet sich z. B. grundlegend von jener der westlichen Fürstengräberzone an Rhein und Marne.

Am Dürrnberg stehen am Beginn der Latèneperiode Gefäßformen in

Gebrauch, die unmittelbar an hallstattzeitliche Vorbilder anknüpfen, z. B. Kegelhalsgefäße und Schalen mit „Kragenrand". Nachahmungen von Importgut aus dem Mittelmeerraum, z. B. Schnabelkannen oder Ringflaschen, bereichern das Typenrepertoire.

Die Einführung der Töpferscheibe bringt zunächst keinen Wandel der Gefäßformen, erst allmählich lernt man, die technischen Möglichkeiten dieses neuen Arbeitsgerätes zu nutzen. Neue Gefäßformen, wie z. B. Flaschen oder Schüsseln, entstehen. Die Gefäße erhalten einen verdickten, ausladenden Rand und werden durch umlaufende Wülste und Rillen gegliedert.

Eine kennzeichnende Form der östlichen Frühlatènekultur ist die sogenannte Linsenflasche. Diese Gefäßform ist zweifellos durch Experimentieren mit der Töpferscheibe, durch Ausschöpfung aller Möglichkeiten auf diesem Gerät, entstanden. Die Entwicklung dieses Gefäßtypes läßt sich anhand des Dürrnberger Fundmaterials lückenlos belegen. Am Anfang stehen kleine Flaschen mit niedrigem Hals, allmählich wird der Halsteil immer mehr gestreckt. Die schönsten und ausgewogensten Stücke hat man etwa um 300 v. Chr. am Dürrnberg hergestellt, danach bricht die Erzeugung dieser Gefäße ab.

Textil- und Lederarbeiten

Der griechische Geschichtsschreiber Diodor berichtet, daß die Kelten eine Vorliebe für bunte Kleidung hatten, besonders für gestreifte und gewürfelte Stoffmuster. Bedauerlicherweise sind Reste der Bekleidung nur in seltenen Ausnahmefällen erhalten geblieben, in der Regel sind Textilien und Lederarbeiten im Boden vollständig vergangen.

Aus den Bergwerksanlagen in Hallein und Hallstatt stammen die bisher umfangreichsten Sammlungen vorgeschichtlicher Gewebe und Lederarbeiten in Mitteleuropa. Durch die konservierende Wirkung des Salzes haben zahlreiche Gewebe die lange Zeit nahezu unversehrt überdauert. Allerdings handelt es sich zumeist nicht um vollständige Kleidungsstücke, sondern um Reste der Kleidung, die vom prähistorischen Bergmann als unbrauchbar in der Grube zurückgelassen worden war.

Für die Arbeit unter Tag hatte man naturgemäß warme Kleidung aus Schafwolle bevorzugt, jedoch auch Leinengewebe sind unter den Funden mehrfach vertreten. Manche Stoffreste geben durch ihre qualitätvolle Ausführung zu erkennen, daß sie ursprünglich nicht für die Arbeit unter Tag bestimmt waren. Auch damals schlüpfte man bei der Arbeit häufig in alte, abgetragene Kleidungsstücke.

Die Gewebefunde aus dem Salzbergwerk Dürrnberg geben Aufschluß über die Webkunst der Kelten. Vorgeschichtliche Gewebe hat man auf stehenden Webstühlen hergestellt. Ein einfacher Holzrahmen trug an der Oberseite den sogenannten Web- und Kettbaum, an dem man dicht nebeneinander Fäden befestigte. Diese herabhängenden Fäden wurden durch tönerne Webstuhlgewichte straff gespannt gehalten. Durch die hängenden „Kettfäden" ist ein horizontaler Faden, den man Schuß nennt, durchgezogen worden. Um den Schußfaden nicht jedesmal mühsam durch die Kettfäden durchflechten zu müssen, hat man in bestimmter Reihenfolge jeweils einen Teil der Kettfäden mit Hilfe sogenannter Fadenschlaufen oder Litzen aus der Ebene der Ketten abgehoben und dazwischen den Schußfaden eingezogen. Je nach der Reihenfolge, in der man Ketten- und Schußfäden überkreuzt, ergeben sich verschiedene Gewebemuster. Am beliebtesten war in vorgeschichtlicher Zeit die sogenannte „Köperbindung". Mehrfarbige Gewebe erhielt man durch Einfärben des Garnes vor dem Weben. Die im Salzbergwerk Dürrnberg aufgefundenen Stoffreste haben auch die Farben vorzüglich bewahrt. Die Muster sind vorwiegend in Rot oder Braun, aber auch in Olivgrün und Blau gehalten.

Auf dem Webstuhl hergestellte Stoffbahnen hat man zugeschnitten und mit Hilfe von bronzenen oder eisernen Nadeln zu Kleidungsstücken zusammengenäht. Alle freien Schnittkanten wurden sorgfältig eingesäumt. An einigen Stoffresten aus dem Dürrnberger Salzbergwerk sind Nähte bzw. Saumnähte zu sehen. Aus Hallstatt liegen überdies sehr schöne Beispiele von Flick- und Stopfarbeit vor.

Wie in allen vorgeschichtlichen Perioden war auch bei den Kelten die Weberei und die Schneiderarbeit Domäne der Frauen. In den Händen der Frauen lag auch die Herstellung des für die Weberei und Näharbeit notwendigen Garns durch Verspinnen von Schafwolle oder Flachsfasern. In keltischen Siedlungen findet man Spinnwirtel aus Ton, die als Schwungscheiben für die Holzspindel dien-

ten. Häufig hat man den Frauen eine Spindel mit ins Grab gegeben.

Den Großteil der Gewebe für den täglichen Gebrauch hat man sozusagen in „Heimproduktion" hergestellt. Reich verzierte Stoffe für die Gewänder der keltischen Oberschicht sind hingegen in spezialisierten Werkstätten erzeugt und zum Teil auch weithin verhandelt worden.

Leder und Felle spielten in der Bekleidung der Kelten ebenfalls eine wichtige Rolle. Die Gerber lieferten das notwendige Rohmaterial für Schuhwerk und Gürtel. Viel Leder wurde für die Ausstattung der Krieger verwendet. Lederne Helme und Wämser waren sehr beliebt; so zeigen die Reliefs auf dem Tempelfries von Pergamon solche keltischen Ausrüstungsgegenstände, die in den Kriegen gegen die keltischen Galater erbeutet worden waren. Für die Anfertigung von Sattel und Zaumzeug war ebenfalls Leder notwendig.

Auch unter den Funden aus dem Salzbergwerk Dürrnberg befinden sich Gegenstände aus Fell und Leder. Erhalten haben sich einige sandalenartige Schuhe, zwei Fellhauben sowie zwei einfache Tragtaschen aus Leder. Diese Gegenstände gewähren allerdings nur einen unvollständigen Einblick in die Technik der Lederverarbeitung.

Holzbearbeitung

Die Kelten waren nach dem Zeugnis antiker Autoren tüchtige Zimmerleute. Sie bauten ihre Wohn- und Wirtschaftsgebäude vorwiegend in Ständerbauweise. Vertikale, in den Boden eingelassene Holzstützen bildeten die

Tragkonstruktion für Wand und Dach. In den gebirgigen Gegenden bevorzugte man jedoch den Blockwandbau mit horizontal aufeinandergeschichteten Stämmen. Wir dürfen annehmen, daß man auch für die Ausstattung der Häuser vorwiegend Holz verwendet hat. Einfache Möbel, wie z. B. Sitzbänke und Bettgestelle, waren zweifellos in Gebrauch, davon ist jedoch nichts erhalten geblieben. Geschnitzte oder gedrechselte Holzgefäße wurden neben keramischen Gefäßen ebenfalls verwendet. Die Wertschätzung, deren sich manche Holzgefäße erfreuten, läßt sich an kunstvoll ausgeführten Bronzebeschlägen ablesen. Am Dürrnberg wurde eine größere Zahl von bronzenen Kannenbeschlägen gefunden, die zu den bedeutendsten Leistungen des keltischen Kunsthandwerks zählten. Diese Beschläge lassen erkennen, daß man sogar komplizierte Gefäßformen wie Schnabel- und Röhrenkannen aus Holz gedrechselt hat. (...)

Von den vielen Verwendungsmöglichkeiten des Holzes seien noch der Wagenbau und der Schiffsbau erwähnt, beide standen bei den Kelten in hoher Blüte.

Färber, Gerber, Ärzte und andere Berufsgruppen

Neben den bisher genannten Handwerkern gab es zweifellos noch weitere spezialisierte Berufe, die uns jedoch anhand der Bodenfunde nicht oder nur selten faßbar werden.

Auf die Tätigkeit der Lohgerber wurde bereits hingewiesen, das Färben von Stoffen wurde vermutlich ebenfalls von spezialisierten Handwerkern

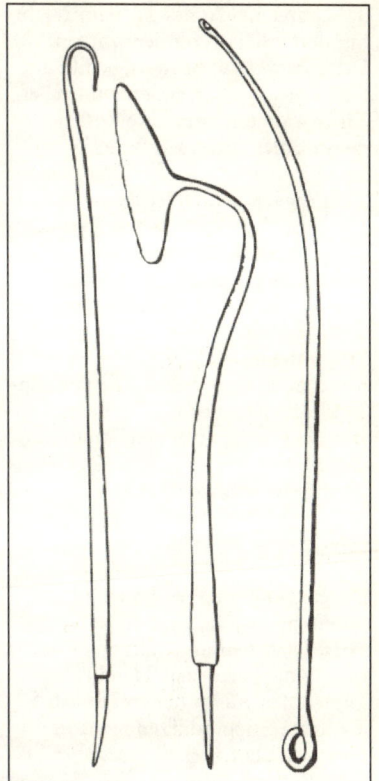

Sicherlich gab es auch vor den ersten intensiven Kontakten der Kelten mit dem Mittelmeerraum heilkundige Männer und Frauen. Doch erst mit der Übernahme entsprechender Geräte (Knochensäge, Spatel und chirurgische Nadel) gibt sich dieser Berufsstand dem Archäologen zu erkennen.

ausgeführt. In größeren Siedlungen, wie z. B. am Dürrnberg, gab es wohl auch Bäcker und Fleischhauer.

Der Beruf des Arztes oder Heilpraktikers läßt sich ebenfalls nachweisen. In München-Obermenzing ist das Grab eines Arztes aus dem 2. Jahrhundert v. Chr. gefunden worden. Der Tote war mit Schwert, Schild und Lanze ausgestattet, außerdem trug er ein Klappmesser und zwei Instrumente eines ärztlichen Bestecks bei sich, die vermutlich zur Trepanation (Öffnen der Schädeldecke) dienten. Die keltischen Ärzte haben zweifellos einige medizinische Kenntnisse von ihren Kollegen südlich der Alpen übernommen. Das Skelettmaterial der Gräberfelder beweist, daß man große Erfahrung in der Behandlung von Knochenbrüchen besaß. Die vollständige Waffenausrüstung des Grabes von Obermenzing deutet darauf hin, daß dieser Arzt der gehobenen Gesellschaftsschicht angehörte.

Handel und Verkehr

Ein gut funktionierendes Handelssystem bildete die Grundlage für den wirtschaftlichen und kulturellen Aufstieg in der Latènezeit. Händler besorgten den Austausch von Rohstoffen und Fertigprodukten sowie den Transport der Güter, oftmals über weite Entfernungen.

Bereits in der Hallstattperiode bestanden enge Handelskontakte zum Süden. Etwa um 600 v. Chr. gründeten die Griechen an der südfranzösischen Küste die Handelsstadt Massalia, das heutige Marseille, und überschwemmten das Hinterland mit hochwertigen Erzeugnissen aus griechischen, rhodischen und unteritalischen Werkstätten. Über das Rhonetal und die Burgundische Pforte gelangten griechische Importgüter, wie etwa Bronzegefäße und Keramik, an die keltischen Fürstenhöfe im westlichen Mitteleuropa.

Am Ende des 6. Jahrhunderts v. Chr. schalteten sich auch die Etrusker in den Handel mit den keltischen Stämmen nördlich der Alpen ein. Ausgangspunkt dieses Handels waren die etruskischen Niederlassungen in der Poebene. Über das oberitalische Seengebiet und die Westalpenpässe erreichten etruskische Erzeugnisse weite Bereiche nördlich und nordwestlich des Alpenbogens (Südwestdeutschland, Mittelrheingebiet und anschließendes ostfranzösisches Gebiet bis Belgien). Ein Zweig dieses Handelsstromes führte auch über die Ostalpen in das Salzburger Gebiet, von hier die Salzach abwärts zum Inn, zur Donau und weiter bis Südböhmen.

Hauptlieferanten waren etruskische Handwerksbetriebe in Mittelitalien, die sich auf die Erzeugung von Bronzegeschirr spezialisiert hatten. Den Weg nach Norden fanden nicht nur bronzene Schnabelkannen, sondern auch anderes, für festliche Gelage benötigtes Bronzegeschirr, wie z. B. Eimer zum Mischen des Weines.

Die Einfuhr von Waren aus dem Mittelmeerraum beschränkte sich jedoch nicht auf griechische und etruskische Erzeugnisse. Aus Italien wurde unter anderem auch Koralle eingeführt, die für die Verzierung von bronzenem Schmuck und Gerät Verwendung fand.

Schon in der frühen Hallstattzeit bestanden sehr enge Verbindungen zwischen der Salzbergbauzone am Nordalpenrand und den Venetern an der oberen Adria. Diese Handelskontakte dauerten bis in die Frühlatèneperiode. Von den Venetern hat man vorwiegend Erzeugnisse des Kunsthandwerkes, z. B. Schmuck und Gefäße

Trotz der Bedeutung des Eisens verlor Zinn auch während der Hallstatt- und Latènezeit nicht an Bedeutung, denn Bronze, die goldglänzende Legierung aus Kupfer und Zinn, erfreute sich weiterhin großer Beliebtheit. Die wichtigsten Lagerstätten lagen in Spanien, Frankreich, im Erzgebirge und in Südwestengland. Den Handel mit dieser Region und den Transport von Zinnbarren durch Gallien beschreibt erstmals Diodor. Die oben abgebildete Form der Zinnbarren war für den Transport mit Pferden besonders geeignet.

aus Bronze, Glasschmuck und Keramik eingetauscht. In der östlichen Variante des frühkeltischen Stiles machen sich als Folge dieser intensiven Verbindungen starke Einflüsse des venetischen Kunstschaffens geltend. Mit diesen Importgütern aus dem Süden kam auch auch Wein, vermutlich sogar in großen Mengen. Die Trinkfreudigkeit der Kelten, ihre Vorliebe für Wein, wird von antiken Autoren hervorgehoben. Die Einfuhr von Wein ist durch chemische Analysen von Rückständen in Bronzegefäßen mehrfach bezeugt. So ließen sich an einer ca. 17 Liter fassenden Bronzeflasche aus Grab 44 vom Dürrnberg Rückstände von Baumharz nachweisen. Heute noch wird in Griechenland dem Wein zur Konservierung Kieferharz beigegeben. Es erhebt sich nun die Frage, welche Gegenleistung die Abnehmer dieser südlichen Importe für die gelieferte Ware bieten konnten. In erster Linie Gold, das man aus dem Sand der Flüsse gewann, jedoch auch landwirtschaftliche Produkte, wie Vieh und Felle, kommen als Gegenwert in

Frage. In den Handelsbeziehungen zwischen keltischen Bewohnern des Donauraumes und Venetern spielte zweifellos das Salz eine wichtige Rolle.

Etwa um 400 v. Chr. begann die keltische Wanderung, große Teile Italiens wurden von keltischen Heerscharen verwüstet, einige der Stämme ließen sich in der Poebene nieder. Die alten Handelskontakte zum Mittelmeerraum wurden dadurch unterbrochen, der Handelsverkehr über die Alpen kam weitgehend zum Erliegen. Das keltische Handwerk hatte zu diesem Zeitpunkt jedoch bereits einen so hohen Stand erreicht, daß die Ausfälle südlichen Importgutes durch eigene Erzeugnisse wettgemacht werden konnten.

Im Handel zwischen den keltischen Stämmen spielte der Austausch von Salz und Metallen eine wichtige Rolle. Weite Bereiche Mitteleuropas wurden von Hallein und Hallstatt mit dem lebensnotwendigen Salz versorgt.

Der Schwerpunkt der Salzerzeugung verlagerte sich am Beginn der Latèneperiode von Hallstatt nach Hallein. Dem Dürrnberg dürfte zeitweise eine Monopolstellung zugefallen sein, denn in Hallstatt hat man – vermutlich nach einer Erdrutschkatastrophe – die Salzproduktion vorübergehend eingestellt. Aus dem Zeitraum zwischen 400 und 100 v. Chr. sind bisher keine Funde aus Hallstatt überliefert. Erst nach diesem Zeitpunkt kann in dem oberösterreichischen Salzort erneut die Salzproduktion nachgewiesen werden. Etwa um 100 v. Chr. setzt aber auch in Reichenhall eine umfangreiche Salzgewinnung ein, der Dürrnberg hingegen verliert dadurch an Bedeutung.

Archäologie im Dunkeln: Um die Ausdehnung eines eisenzeitlichen Grubenhohlraums zu bestimmen, wird im Salzberg von Hallstatt mit Preßlufthämmern eine Strecke durch die Verfüllung vorgetrieben. Aus den Wänden ragen die Leuchtspäne der prähistorischen Bergleute.

Der Bedarf an Kupfer konnte nur aus inneralpinen Lagerstätten gedeckt werden. In der Latèneperiode dürften vorwiegend die Tiroler Kupfererzvorkommen, insbesondere jene in Ost- und Südtirol, genutzt worden sein. Im Bereich der Salzburger Kupfererzlagerstätten, die rund 1000 Jahre vorher, in der Bronze- und Urnenfelderzeit, eine große Rolle gespielt hatten, sind bisher keine latènezeitlichen Abbauspuren nachweisbar.

Die für die Eisengewinnung erforderlichen Erze standen nahezu überall zur Verfügung, da selbst kleinste Vorkommen ausgebeutet wurden. Die keltischen Hüttenleute beschränkten sich auf die Verhüttung von Brauneisenerz sowie von sekundären

Anreicherungen des Brauneisens in Form von Rasenerz oder Limonit.

Das gewonnene Eisen hat man in Barrenform oder auch als Halbfabrikat in den Handel gebracht. Der häufigste Barrentyp mit einem Durchschnittsgewicht von 6 – 7 Kilogramm weist eine doppelkonische Form mit beiderseits spitz zulaufenden Enden auf. Die Verbreitung dieser Doppelspitzbarren ist allerdings auf das westliche Mitteleuropa beschränkt.

Böhmen und Mähren waren Zentren keltischer Eisengewinnung, ebenso die mittelrheinischen Gebiete und Ostfrankreich. Der Reichtum frühlatènezeitlicher Fürsten an Rhein, Saar und Mosel fußte auf der Ausbeutung der dortigen Eisenerzlagerstätten.

In den beiden letzten Jahrhunderten v. Chr. erlangten auch die Eisenerzvorkommen des Ostalpenraumes großes Bedeutung. Die keltischen Hüttenleute dieser Gebiete verstanden es, qualitativ hochwertiges Eisen herzustellen, das in seinen Eigenschaften an den heutigen Stahl heranreicht. „Norisches Eisen" erfreute sich in Rom großer Beliebtheit.

Auf dem Magdalensberg in Kärnten entstand um 90 v. Chr. eine große Ansiedlung, die bald zum wichtigsten Handelsstützpunkt für die Ausfuhr des Norischen Eisens heranwuchs. Ritzinschriften in freigelegten Lagerräumen unterrichten über den Umfang des Handels sowie über Bestimmungsorte der Eisenlieferungen. Nicht nur Städte in Italien, sondern auch Niederlassungen an der nordafrikanischen Küste scheinen als Besteller auf den Listen der Lagerverwalter auf.

Das Eisen wurde in Form von „Scheiben" und „Ambossen" nach Süden verhandelt. Im Tauschwege strömten Luxusgüter aus dem Mittelmeerraum in die „Norische Hauptstadt" auf dem Magdalensberg, wie Öl und Wein, Tafelgeschirr aus Bronze oder Keramik, etc.

Nicht nur am Magdalensberg entwickelte sich in der späten Latèneperiode eine große keltische Stadt, auch in weiten Bereichen Mitteleuropas hat man in diesem Zeitabschnitt nach südlichem Vorbild große befestigte Siedlungen, sogenannte Oppida, angelegt, die in ihren Mauern eine große Zahl von Einwohnern beherbergten. Diese Oppida waren Zentren der handwerklichen Produktion und des Handels. Die Einführung geprägten Geldes erleichterte den Handelsverkehr. Der Gebrauch von Schrift ist durch Funde von Schreibgriffeln eindeutig belegt, keltische Schriftdenkmäler aus vorrömischer Zeit sind allerdings nicht erhalten.

Der Handelsverkehr mit dem Mittelmeerraum erlebte in dieser Periode eine neuerliche Hochblüte. Römisches Bronzegeschirr, vorwiegend aus Werkstätten in Campanien, gelangte bis Böhmen und Mitteldeutschland. Daneben war es vor allem der Wein, der teils in Behältern aus organischem Material, teils in Amphoren aus Ton über die Alpen transportiert wurde.

Das Ausgreifen der römischen Macht bis an Rhein und Donau sowie der etwa gleichzeitige Vorstoß germanischer Völkerschaften besiegelten das Schicksal der blühenden Städte, keines der keltischen Oppida hat die Zeitenwende überdauert.

Fritz Moosleitner:
Handwerk und Handel (1980)

Das Gold der Kelten

Schon Herodot rühmt den Goldreichtum des Nordens, und tatsächlich gewinnt im Verlaufe der Eisenzeit das eigentlich recht nutzlose Edelmetall gerade bei den Kelten an Bedeutung: zunächst als Statussymbol, dann als „das" Material der formvollendeten Frühlatènekunstwerke und schließlich als Münzmetall.

Die Habe der in der Poebene siedelnden Kelten bestand nach Polybios aus Vieh und Gold, denn beides konnten sie bei ihren Zügen leicht mit sich führen. Keltisches Gold war eines der Motive Cäsars, den Krieg in Gallien zu führen, denn schon bei der Eroberung der Provincia war Jahrzehnte vorher eine überaus reiche Kriegsbeute angefallen.

Offensichtlich hatte aber auch das antike Lesepublikum ein großes Interesse am Gegenstand „Gold": Poseidonios, Diodor und Strabon widmen sich den Themen der Herkunft und Verwendung des seltenen Metalls mit großer Ausführlichkeit.

Silber gibt es in Gallien gar nicht, Gold aber in großer Menge, und zwar liefert die Natur den Einwohnern dieses Metall ohne alle Mühen und ohne Bergbau. Da nämlich der Lauf der Flüsse winkelige Biegungen macht, und das Wasser im Anprall an die vorgeschobenen Berghänge große Stücke derselben abreißt, so führt es vielen goldhaltigen Sand mit sich fort. Diesen fangen die damit Beschäftigten auf und mahlen ihn oder zerstampfen die Schollen, welche ihn enthalten; dann lassen sie das Wasser die erdigen Teile herauswaschen und geben das Übriggebliebene in die Öfen zum Schmelzen. Auf diese Weise gewinnen sie große Massen Goldes, dessen sie sich dann zum Schmucke bedienen, und zwar nicht nur die Weiber, sondern auch die Männer. Um die Handwurzeln und Arme tragen sie Spangen und um den Nacken dicke Ketten von massivem Golde, dazu noch ansehnliche Fingerringe und sogar goldene Panzer. Auffallend und bewundernswert ist, was im oberen Keltenlande in

Mehr Schein als Sein: Durch die Verbindung hohler Einzelstücke entstehen massiv wirkende Halsringe.

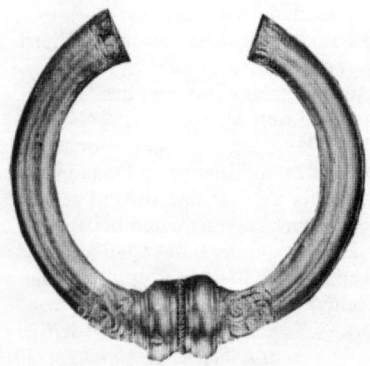

Ein Meisterwerk keltischer Goldschmiedekunst: der Armring von Fenouillet (Haute-Garonne)

den Götterheiligtümern zu geschehen pflegt. In den Tempeln nämlich und Heiligtümern im Lande, die den Göttern geweiht sind, liegt viel Gold offen umher, das den Göttern als Geschenk dargebracht ist, und keiner der Eingeborenen wagt aus Götterfurcht daran zu rühren, obgleich die Kelten sonst über die Maßen geldgierig sind.

Diodorus Siculus:
Erdbeschreibung (V, 27)

Auch die Tektosagen aber sollen an dem Heereszuge gegen Delphi teilgenommen haben und die von Caepio, dem Feldherrn der Römer, bei ihnen in der Stadt Tolosa vorgefundenen Schätze ein Teil der Beute von dort gewesen sein, die Leute aber noch von ihrem eigenen Vermögen hinzugelegt haben, um es zu weihen und den Gott zu versöhnen. Caepio aber, der sich daran vergriff, habe deshalb sein Leben im Elend geendet, als Tempelräuber aus seinem Vaterland verbannt (...). Wahrscheinlicher ist jedoch die Erzählung des Poseidonios. Er sagt, die in Tolosa gefundenen Schätze hätten etwa 15 000 Talente betragen, teils in Kapellen, teils in heiligen Teichen verwahrt und kein Gepräge führend, sondern bloß rohes Gold und Silber. Der Tempel zu Delphi aber sei, im Heiligen Kriege von den Phocensern ausgeplündert, zu jener Zeit schon leer von solchen Schätzen gewesen, und wenn auch noch etwas übrig gewesen, so wäre es unter viele verteilt worden; auch sei es nicht wahrscheinlich, daß sie glücklich in ihre Heimat zurückgekehrt wären, da sie nach dem Rückzuge von Delphi sich kläglich davongemacht und aus Uneinigkeit hierhin und dahin zerstreut hätten. Sondern es enthielt vielmehr (...) das goldreiche und gottesfürchtigen und in ihrer Lebensweise nicht verschwenderischen Leuten bewohnte Land an vielen Orten Schätze. Diesen aber gewährten besonders die Teiche Sicherheit, in welche man die Gold- und Silberbarren versenkte. Als sich nun die Römer dieser Länder bemächtigt hatten, verkauften sie die Teiche von Staats wegen, und viele der Käufer fanden gehämmerte Silbermassen. In Tolosa aber war auch ein heiliger und von den Umwohnern hochverehrter Tempel, und deshalb häuften sich die Schätze darin, welche viele weiheten und niemand anzutasten wagte.

Strabo:
Erdbeschreibung (IV, 1, 13)

Vom Nordrand der Pyrenäen, dem Siedlungsgebiet der aquitanischen Tarbeller, bis zu den Alpen, den Wohnsitzen der Helvetier, Sallaser und Taurisker, fanden sich Goldlagerstätten, deren Reichtum man bereits in der Antike rühmte. Überwiegend handelte es sich um sogenannte Seifenlagerstätten, aus denen man das Gold mit Hilfe einfacher Waschwerke, wie sie aus keltischer Zeit in Südböhmen bekannt wurden, gewinnen konnte.

Diesen Busen besitzen die Tarbeller, bei denen sich auch die ergiebigsten aller Goldgruben befinden. denn in den nur bis zu geringer Tiefe aufgegrabenen Minen findet man faustdicke, zuweilen nur geringer Läuterung bedürfende Goldklumpen. das übrige ist Goldsand und Erzstufen, und auch diese brauchen nicht viele Bearbeitung.

Strabo:
Erdbeschreibung (IV, 2, 1)

Beispielsweise gibt es ja manche Metalle von der Art, daß sie sich nahe an der Erdoberfläche finden, zumal in den entferntesten Gegenden der bewohnten Erde auch ganz unbedeutende Flüßchen Goldstaub führen und Weiber und kraftlose Männer diesen Goldstaub zusammen mit dem Sand reiben und davon trennen und waschen und dann auf einen Schmelztiegel legen, wie das laut Poseidonios (…) bei den Helvetiern geschieht.

Athenaeus:
Gelehrtengastmahl (VI, 233)

Auseinandersetzungen zwischen Ackerbauern, Forst- und Bergleuten beherrschten bis in die Neuzeit die Diskussionen um den Wert des Erzbergbaus. Konflikte um Wasserrechte gab es, wie das folgende Beispiel zeigt, bereits in der Antike.

Das Land der Salasser enthält Goldgruben, welche früher die mächtigen Salasser besaßen, so wie sie auch Herren der Zugänge waren. Am meisten aber nützte ihnen in bezug auf die Gewinnung des Goldes der Fluß Duria durch die Goldwäschen, weshalb sie an vielen Stellen das Wasser in die Abzugsgräben verteilten und den Hauptstrom entleerten. Dies nun war zwar ihnen für die Gewinnung des Goldes vorteilhaft, ärgerte aber die, welche die unterhalb jener gelegenen Ebenen bebauten und der Bewässerung entbehrten, da doch sonst der Fluß, weil er ein höher liegendes Bett hat, das Land tränken konnte. Aus diesem Grunde aber gab es zwischen beiden Völkern beständig Kriege. Als aber die Römer die Herrschaft erlangt hatten, verloren die

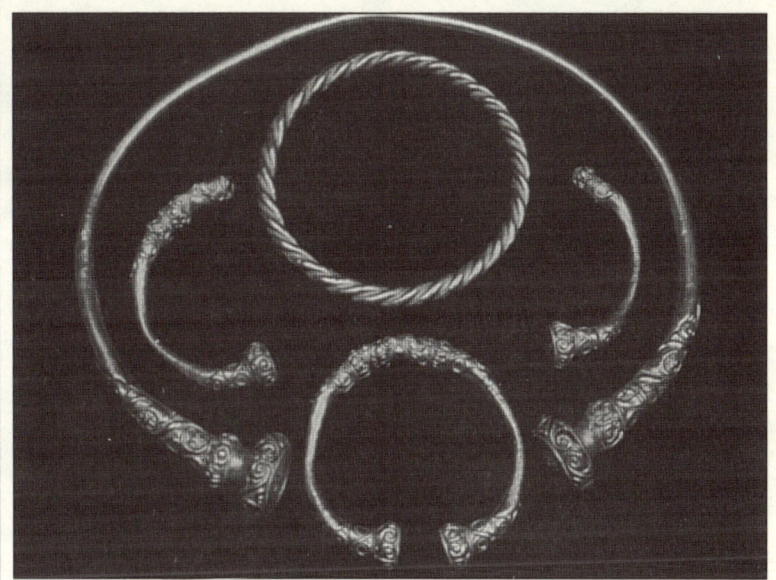

Schmuck und Symbol: Gold aus dem Frauengrab von Waldalgesheim

Salasser ihre Goldgruben samt dem Lande; da sie aber noch immer die Berge besaßen, so verkauften sie das Wasser den die Goldgruben bearbeitenden Staatspächtern (...)

Strabo:
Erdbeschreibung (IV, 6, 7)

Ferner erzählt Polybius, man habe zu seiner Zeit gerade über Aquileia zu den norischen Tauriskern eine so ergiebige Goldgrube entdeckt, daß sich, wenn man nur zwei Fuß tief die obere Erde wegräume, sofort Gold zum Ausgraben finde; die Grube hielte aber nicht mehr als fünfzehn Fuß. Ein Teil des Goldes sei sogleich gediegen, von der Größe einer Saubohne (...), das übrige bedürfe zwar weiterer Schmelzung, sei aber dennoch ungemein gewinnbringend. Als einmal Italier zwei Monate mit den Barbaren zusammengearbeitet hätten, wäre alsbald das Gold in Italien um den dritten Teil wohlfeiler geworden; wie aber die Taurisker dies gemerkt, hätten sie die Mitarbeiter verjagt und das Gold allein verkauft. Jetzt jedoch stehen alle Goldgruben unter den Römern. Aber auch hier führen, wie in Iberien, außer dem Grubengolde auch die Flüsse Goldsand mit sich, freilich nicht so viel.

Strabo:
Erdbeschreibung (IV, 6, 12)

Tod am Dürrnberg

Mit ihren reichen und qualitätvollen Beigaben zeugen die eisenzeitlichen Gräber auf dem Dürrnberg bei Hallein vom Wohlstand der hier einst lebenden Bergleute. Doch zeigen die anthropologischen Untersuchungen, daß ein früher Tod nicht nur den Knappen in den Salzbergwerken drohte.

Reiche Beigaben, aber ein kurzes Leben

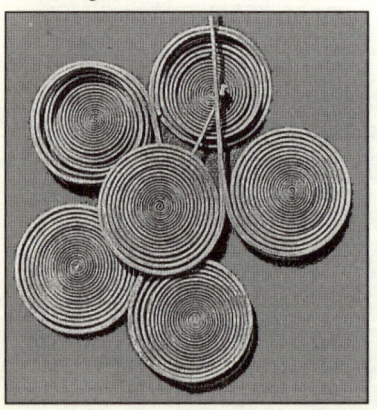

Für die Montanarchäologie sind Grubenunglücke eine reiche, wenn auch makabre Quellengruppe. Der Fund eines verunglückten Bergmanns, unabhängig vom Erhaltungszustand, schreibt ein Stück Ereignisgeschichte.

Sicherlich waren die Bergleute von Hallstatt und am Dürrnberg Spezialisten, doch auch hier kam es zu Grubenunglücken. Die Leichen der Verunglückten haben sich nicht erhalten, wohl aber Berichte über ihre Entdeckung:

Anno 1573 und den 26. Wintermonats im Saltzberg Türnberg 6300 Schuh tieff im gantzen Berg ein Mann 9 Spannen lang mit Fleisch, Bein, Haar, Bart und Kleidung gantz unverwesen, jedoch breit zusammen geschlagen, am Fleisch ganz geselcht, gelb und hart wie ein Stockfisch, außgehaut worden, auch etlich Wochen bey der Kirchen allda männiglich zu sehen gelegen. Endlich aber zu faulen und begraben worden; der muß vor Menschen Gedenken in dem Berg verschüt, darin verwachsen und vom Saltz so lang ohne Faulung erhalten seyn, in Ansehen, zu weiln Schuh, Kleider und hültzene Bickel im gantzen Stein verwachsen gefunden werden.

Anno 1616 hat man abermal im Saltz- und Türnberg im Stollen oder Auffschlag St. Georgen ein gantzen Menschen mit Haar, Fleisch, Haut und Bein auß einem gantzen Stein außgehauen und etlich Jahr bis er angefangen zu faulen bey dem Stollen Clamreis in ein Cämmerl behalten, daß ihn männiglich sehen können.

Franciscus Dückher von Haslau zu Winkl:
Saltzburgische Chronika (1666)

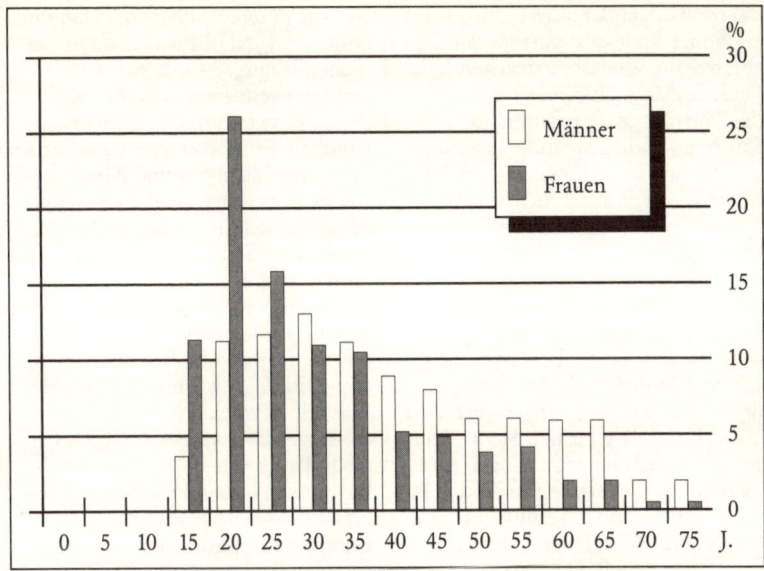

Altersverteilung der Verstorbenen am Dürrnberg

Wahrscheinlich waren auch während der Eisenzeit Grubenunglücke spektakuläre Ereignisse. Der Tod aber gehörte zum Alltag, denn die Verstorbenen bestattete man unter Grabhügeln in unmittelbarer Nähe der Gehöfte. Diese alle oder nur in Auswahl zu untersuchen, gilt als utopisch, doch geben bereits die bislang untersuchten Skelette einen Einblick in die Lebensverhältnisse am Dürrnberg. Die graphische Darstellung der Altersverteilung der Verstorbenen (Alter in Fünfjahresklassen, Angaben in Prozent) zeigt ein Defizit bei den Kleinkindern und einen hohen Anteil von Jugendlichen und jungen Erwachsenen. Korrigiert man die Darstellung mit einer Kleinkindsterblichkeit von 23 – 24 %, ergibt sich eine durchschnittliche Lebens-

erwartung von nur 26 Jahren. Aussagekräftiger als dieser Wert ist aber die Lebenserwartung zu Beginn des Erwachsenenalters, etwa im Alter von 20 Jahren. Die Lebenserwartung der Frauen lag dann bei 38, die der Männer bei 42 Jahren. Eine Interpretation der demographischen Daten vom Dürrnberg gibt die Anthropologin Ilse Schwidetzky:

Ein oft hohes Defizit an Kleinkindern, insbesondere des 1. Lebensjahres, ist aus vielen prähistorischen Bevölkerungen bekannt. Bei Grabungen aus älterer Zeit kann es, mindestens zum Teil, darauf beruhen, daß nur die gut erhaltenen Skelette geborgen wurden, die sehr zarten, leicht vergänglichen Reste der Kleinkinder dagegen nicht.

Bei sorgfältiger Bergungstechnik weist ein hohes Kleinkinderdefizit am ehesten auf Sonderbestattungen hin. Diese Erklärung bietet sich auch für die Dürrnberger Population an: Tote Säuglinge und Kleinkinder mögen, wie das für viele ethnische Gruppen belegt ist, an anderen Stellen bestattet worden sein als größere Kinder und Erwachsene.

Ein Gipfel bei den Adulten ist gleichfalls von prähistorischen Bevölkerungen bekannt, und zwar vorzugsweise für die Frauen. Er wird plausibel aus der Kindbettsterblichkeit interpretiert. Im allgemeinen verteilt sich aber dieses Plus an weiblichen Sterbefällen auf alle Frauen im gebärfähigen Alter, während eine so starke Anhäufung in der juvenilen und jungadulten Klasse ungewöhnlich ist. Das gilt auch für den hohen Anteil von juvenilen und jungadulten Männern unter den Verstorbenen. Hier würde man am ehesten an gewaltsame Todesfälle, sei es durch Krieg, sei es durch Unglücksfälle – z. B. in den Bergwerken des Dürrnbergs? – denken. Aus den paläopathologischen Befunden ergibt sich aber kein Hinweis auf Todesfälle dieser Art.

Eine interessante Untersuchung, die vielleicht auch für die Dürrnberger Verhältnisse einen Hinweis zu geben vermag, wurde für Hallstatt durchgeführt, wo der Hauptteil der Bevölkerung ebenso wie auf dem Dürrnberg vom Salz-Bergbau lebte. Dort wurde durch Koprolithen-Analysen ein massiver Wurmbefall der Bevölkerung festgestellt, der auf „eine extrem unsaubere Lebensweise" hinweist. Auch die Sterblichkeitsverhältnisse der Dürrnberger Bevölkerung sprechen für eine miserable Hygiene. Man muß annehmen, daß die Mehrzahl, wenn nicht alle jungverstorbenen Frauen im Kindbett gestorben sind, die unter 20jährigen vermutlich oft im ersten Kindbett. Dazu kommt eine sicherlich sehr hohe Säuglings- und Kleinkindsterblichkeit, die gleichfalls in starkem Maße mit den hygienischen Verhältnissen korreliert ist. Ein solches Risiko konnte auch den damals Lebenden nicht verborgen bleiben, und es muß sich auf die Lebensstimmung der Bevölkerung, insbesondere der Frauen, ausgewirkt haben. Eine fatalistische Einstellung zu Leben und Tod mag die Folge gewesen sein. Nimmt man noch die schwere Arbeit in den Salzbergwerken hinzu, so kann man sich für die Mehrzahl der Bevölkerung kaum eine fröhliche Diesseitigkeit, ein zukunftsfreudiges Planen für Kinder und Kindeskinder vorstellen.

Man muß sich auch fragen, wie die Bindung zwischen Mann und Frau beschaffen sein konnte, wenn die Wahrscheinlichkeit für eine lange Ehedauer gering war; wie sich die Eltern und insbesondere die Mütter zu ihren Kindern einstellten, die ihnen oft nur für kurze Zeit blieben. Nicht nur ein geringes Maß an technischen Lebenshilfen, sondern auch ein größeres Maß an menschlichen Belastungen kennzeichnet die Dürrnberger Bevölkerung im Vergleich mit der unseren.

Ilse Schwidetzky:
Anthropologie
der Dürrnberger Bevölkerung
(1978)

Die Zahl der Grabhügel am Dürrnberg geht in die Hunderte, und Mehrfachbestattungen sowie Nachbelegungen in diesen Grabhügeln sind keine Seltenheit. Man gewinnt daher den Eindruck, daß am Dürrnberg, von den Kindern abgesehen, ein großer Teil der Bevölkerung eine ordnungsgemäße, d. h. archäologisch nachweisbare Bestattung erhielt. Doch gilt dies, wie Untersuchungen in der Schweiz zeigen, nicht für alle keltischen Siedlungsgebiete.

Die Zahl der aus dem Mittelland bekannten latènezeitlichen Gräber ist deutlich höher als aus anderen prähistorischen Epochen. R. Wyss erwähnt 1300 Gräber für die ganze Latènezeit in der nordalpinen Schweiz, so daß sich für das Mittelland und für den Zeitraum der frühen und mittleren Latènezeit etwa 1000 Gräber ergeben. Trotz dieser relativ großen Zahl müssen wir davon ausgehen, daß dies nur ein verschwindend kleiner Teil der in diesem Zeitraum angelegten Gräber ist. Versuchen wir nämlich, von der Anzahl Gräber direkt auf die bestattende Bevölkerung zu schließen, kommen wir, bei einer geschätzten mittleren Sterblichkeit von 4,5 %, für das gesamte Mittelland auf eine keltische Bevölkerung von nur gerade 74 Personen.

Nach der Interpretation von E. Meyer wird von Caesar (b.G. I,29) für die Helvetier und die ihnen zuzurechnenden Teilstämme, die Bewohner des Mittellandes in der hier behandelten Epoche also, eine Zahl von 102 000 genannt, in der auch Frauen und Kinder enthalten sind. An einer anderen Stelle

Nachbildung
der Steinstatue
des sog.
„Kriegers von
Hirschlanden"

(b.G. VII,75) erwähnt Caesar, daß das Kontingent der Helvetier für Alesia 8000 Mann umfaßte. Diese Aufgebote entsprachen einem Drittel bis einem Viertel der Wehrstärke, die wiederum etwa ein Viertel der Gesamtbevölkerung betrug. Aus diesen Angaben berechnet sich eine helvetische Bevölkerung von 96000–128000. Vertrauen wir den Angaben Caesars, können wir die Bevölkerung des Mittellandes im 1. Jh. v. Chr. auf etwa 100000 schätzen. Im Laufe von 300 Jahren ist folglich mit 1,35 Mio. Todesfällen zu rechnen.

Die beiden Zahlenpaare – gefundene Gräber und daraus berechnete Bevölkerung einerseits, geschätzte Bevölkerung und daraus berechnete Zahl der Verstorbenen andererseits – unterscheiden sich um den Faktor 1350. Oder anders ausgedrückt: die uns bekannten 1000 Bestatteten machen weniger als ein Promille der oben erwähnten 1,35 Mio. Verstorbenen aus.

Daß im Laufe von 2000 Jahren viele Gräber zerstört worden sind und weitere noch unentdeckt im Boden ruhen, ist nicht die einzige Ursache dieser Diskrepanz. Aufgrund einer selektiven Bestattungssitte hat nur ein Teil der Verstorbenen ein Begräbnis in der uns bekannten Form erhalten. Dies läßt sich schon durch die Untervertretung von Kindern in den keltischen Gräberfeldern nachweisen, aber auch mit einer sozialen Differenzierung ist zu rechnen.

Was den Anteil der gefundenen an den ehemals angelegten Gräbern betrifft, so tappen wir fast völlig im dunkeln. P. Suter schlägt vor, mit einem Wert von 1% zu rechnen. Die seit Beginn dieses Jahrhunderts bereits stark zurückgegangene Fundrate deutet darauf hin, daß von den noch erhaltenen Gräbern bereits ein Großteil gefunden worden ist. Der von P. Suter angenommene Wert scheint mir unter diesen Umständen eher zu tief als zu hoch angesetzt.

Der soziale Faktor muß jedenfalls recht bedeutend sein, und es scheint, daß in der Früh- und Mittellatènezeit höchstens jeder zehnte Erwachsene eine Bestattung in der uns bekannten Form erhalten hat. Einen Hinweis in diese Richtung gibt auch die geringe Größe der Latène-Gräberfelder, die ganz ergraben sind und wo die Fundrate somit 100% erreicht. Das weitaus größte, Münsingen-Rain, läßt auf eine hier bestattende Bevölkerungsgruppe von lediglich 20–25 Individuen schließen, wenn der soziale Faktor vernachlässigt wird. Für die große Menge der Gräbergruppen, die zehn bis dreißig Gräber umfassen, kommt unter diesen Voraussetzungen also nicht einmal die Interpretation als Begräbnisort einer Hofgemeinschaft in Frage.

Peter Jud:
Bevölkerung und Gesellschaft
in keltischer Zeit
(1990)

Die Rückkehr der Kelten

Mit Macht drängen die Kelten seit mehr als zehn Jahren in die Museen Europas, vagabundieren keltische Funde zwischen den Ausstellungsorten wie einst ihre Träger beiderseits der Alpen. Doch auch abseits der Ströme archäologisch interessierter Touristen erleben die Kelten eine Renaissance: in den Regalen esoterischer Buchhandlungen.

Im Reich der Druiden: die gallischen Führer im Wald der Carnuten.

Die Kelten als Kultvolk

Es sind nicht die außergewöhnlich hochwertigen Erzeugnisse ihrer Werkstätten, nicht ihre „Leistungen" als Krieger oder Städteplaner: Im Zentrum des öffentlichen Interesses stehen – trotz der Vielzahl von Ausstellungen – die religiösen Vorstellungen und Praktiken der Kelten. Diesem gesellschaftlichem Phänomen, das Ausdruck findet in Kirchenneugründungen wie der „Druidischen Kirche der Gallier", Seminaren zum „Keltischen Bewußtsein" oder den Feiern der Druiden-Orden zur Sommersonnenwende in Stonehenge, steht die archäologische Forschung weitgehend hilflos gegenüber. Immerhin kann sie aber Position beziehen. Das 700-Jahr-Jubiläum der Confoederatio Helvetica bot Christin Osterwalder Maier die Gelegenheit, die Strukturen der neuen „Keltenwelle" aus der Sicht einer schweizerischen Archäologin zu skizzieren.

Die Kelten sind populär. Wenn in heutiger Ausdrucksweise ein Buch oder ein Film einschlägiger Art als „Kultbuch" oder „Kultfilm" bezeichnet werden, so sind die Kelten zweifellos ein „Kultvolk". Ein neuerfundenes Horoskop wird mit dem Gütesiegel „keltisch" zum Bestseller, und Wohlgerüche erhalten mit keltischen Attributen erst das gewisse Etwas („Gauloise – un parfum affranchi"; „Kevin"-Herrenkosmetik). Die vernunftmüde New-Age-Welle kommt kaum ohne Kelten aus; ihre Kelten sind ein Volk der Geheimnisträger, sozusagen permanent kultisch, tragisch, sinnend und sinnig. Sie sind für viele unserer Zeitgenossen eine Erscheinung aus jenen Tiefen der Zeit, in denen das

Wissen noch ganz und die Umwelt kein Problem war. „Der keltische Volkscharakter war im Naturhaft-Kosmischen verankert und diese Veranlagung wirkte sich in den Naturgewalten des Blutes aus" (Uehli 1942, 333)*. Nach allem, was die Geschichte überliefert, waren die Kelten freilich ganz normale Leute, in Sitten und Gebräuchen gewiß nicht extravaganter als Germanen oder Römer.

Halten wir also gleich fest, daß das heute verehrte Kultvolk mit den historischen Keltenstämmen nicht mehr viel gemeinsam hat. Die Ungleichwertigkeit dieser beiden Keltenbegriffe ist jedoch nur wenigen bewußt – der Kultvolk-Zauber ist äußerst wirksam. Um so mehr drängt sich die Frage nach den Motiven auf, die aus Unterlegenen der Weltgeschichte Helden des Irrationalen gemacht haben.

Wir vermuten die Antworten in drei Komplexen, die wir mit den Begriffen Druiden, Artus-Roman und Irland etikettieren wollen. Die Zusammenhänge sind freilich vielschichtig; mehr als eine Skizze ist hier nicht möglich.

Die Kelten

Exakte Begriffsbestimmung ist der Betrachtung eines Kultvolkes natürlich wesensfremd und abträglich. Sie ist deshalb um so notwendiger für alle, die nicht zu den „Celtic twilight writers" (Thomson 1987, 190) gehören wollen, jenen schwärmerischen oder um Lesergunst buhlenden Autoren,

bei denen „keltisch" und „kultisch" nicht als Druckfehler, sondern fast als Synonyme nebeneinander stehen.

Wie auch immer der Begriff „Volk" definiert wird – das vielzitierte „keltische Volk" hat es nie gegeben. Die Kelten waren (und sind) eine Sprachgemeinschaft (keine Rasse!), bestehend aus zahlreichen Stämmen, die nach übereinstimmenden Berichten antiker und mittelalterlicher Geschichtsschreiber untereinander oft so sehr zerstritten waren, daß sie leichter mit äußeren, nichtkeltischen Feinden gemeinsame Politik machten, als mit keltischen Nachbarn. Ein Helvetier oder Häduer hätte sich unter dem Begriff „Kelten" ebensowenig ein geschlossenes Volk vorstellen können, wie ein heutiger (germanisch sprechender) Bayer, Norweger oder Engländer sich unter „Germanen" im 20. Jahrhundert ein geschlossenes „germanisches Volk" vorzustellen vermag.

Die Helvetier

Das Kultvolk Kelten ist in der Schweiz ebenso virulent wie im übrigen Mittel- und Westeuropa. Bemerkenswert dabei ist jedoch, daß viele Schweizer zwar die Helvetier – wie in der Schule gelernt – für ihre Ahnen halten, aber zwischen Helvetiern und Kelten keinen Zusammenhang sehen. Für den Archäologen ist klar, daß die Helvetier ein keltischer Stamm waren. Helvetier können deshalb – vor allem in Publikationen von Amateurarchäologen – durchaus von keltenkultischem Phosphorglanz umflossen dargestellt werden. Für Nichtarchäologen gelten die Helvetier jedoch häufig nicht als Kelten.

---

*Ausführliche Literaturangaben siehe Anhang „Verwendete Literatur", Seite 180.

Jedem ehemaligen Schweizer Primarschüler sind die Helvetier aus der dramatischen Erzählung von Bibrakte bekannt; sie bilden zusammen mit den Römern in der Regel eine klar erinnerte Zeitinsel im ansonsten eher dunkeln Meer historischer Vorstellungen, wie Schulerinnerungen sie zu hinterlassen pflegen. „Die Kelten" dagegen werden eher als „viel früher", als „ganz am Anfang" der Geschichte empfunden. Sie sind fern, geheimnisvoll, lockend, während die Helvetier der Primarschülererinnerungen auf ihren breiten Schultern das gleiche knochentrockene Heldentum tragen wie die Eidgenossen von Morgarten und Sempach. Die „Nebel von Avalon" wogen um die Kelten, niemals um die Helvetier.

Der Begriff „Helvetier" wurde in der schweizerischen Geschichtsschreibung als gleichbedeutend mit „Eidgenossen" verwendet und damit der ursprünglichen Bedeutung als keltischer Stammesname entfremdet. Im 18. und 19. Jahrhundert mit ihren wachsenden archäologischen und nationalistischen Interessen führte das zu einer Rückkoppelung: Helvetisch im Sinne von eidgenössisch wurde mit helvetisch im Sinne einer keltischen Stammeszugehörigkeit gleichgesetzt. Die Helvetier wurden damit – auf Kosten aller nichtkeltischen Ahnen, wie z. B. Räter, Alamannen oder Burgunder, und auf Kosten aller nichthelvetischen Keltenstämme, wie z. B. Rauriker oder Veragrer – zum Stammvolk der Schweizer befördert.

Da zudem der Keltenkult (wie alle nebulösen Kulte) vom Geheimnis der Ferne und Entrücktheit lebt, fügen sich die dem helvetischen Alltag so nahen Helvetier schlecht in ihn ein. Das schließt freilich nicht aus, daß Kultisches auch in Helvetien bei Archäologen und Nichtarchäologen sehr viel lebhafteres Interesse genießt als biederer Alltag. Der Kultplatz La Tène ist verheißungsvoller als das Warenlager La Tène. (…)

Der postume Weg ins goldene Zeitalter

M. Sills-Fuchs weissagt 1983 in einem durch seine großzügige Ungenauigkeit und freieste Assoziation für diese Literaturgattung sehr typischen Buch: „Verweht sind die Erinnerungen und die Spuren der Kelten. Vielleicht doch nicht für immer. Vielleicht werden ihre vergessenen und belachten Weisheiten von der modernen Wissenschaft aufgegriffen und mit Hilfe heutiger Forschungsmethoden entschleiert. Sie können ihren Zauber bewahren, auch dann, wenn man ihre Wurzeln bloßlegt, denn diese gehen hinab zu den Urgründen des Lebens …" Wobei unter den als keltisch erkannten Weisheiten unter anderem Erdstrahlen an Kreuzwegen und die Bekömmlichkeit verschimmelten Brotes gepriesen werden. In der Einführung zum Buch wird die Autorin als „Weise Frau" gefeiert: „Ich nenne sie Die Druidin. Aber sie hat keinen Altar mehr. Oder doch? Vielleicht wird der Kreis ihrer Leser zum neuen Carnac." (Die Herausgeberin L. Ingrisch verwechselt hier wohl Carnac mit Stonehenge – eine Carnac-förmige Leserschaft hätte Mühe, sich zum Kreis zu formen.)

In diesen Zitaten sind im wesentlichen die Zutaten aufgezählt, die sich zum Keltenkult zusammengemischt in der einschlägigen Literatur wiederfinden. Wir stellen die einzelnen Elemente kurz vor:

1. Die Kelten sind Vergangenheit. Sie gehören zu den Unterlegenen der europäischen Geschichte, ihr Heldentum ist besiegt und ungefährlich – im Gegensatz z. B. zum Heldenkult der „Germanen" in jüngster Vergangenheit.

2. Es sind keine älteren, vorkeltischen Völkernamen in unserem Gebiet bekannt. Nachdem die Germanen durch die nationalsozialistische Propaganda in die Gegenwart geholt und nach dem Zweiten Weltkrieg entsprechend tabuisiert worden sind, bleiben als Quelle der „uralten" Weisheiten im „kollektiven Unbewußten der europäischen Völker" nur die Kelten. Nur sie sind gleichzeitig Namens- und Vergangenheitsträger. Weisheitsquellen ohne Namen (wie „Steinzeitleute") sind zu gestaltlos, um der Phantasie ein würdiges Ziel zu bieten.

3. Die Kelten waren glückliche Besitzer von Priestern mit einprägsamen Namen: Druiden. Druiden waren und sind bei der Verkultung der Kelten entscheidend beteiligt – als Objekte der Nachwelt natürlich, nicht als handelnde Personen. Für die feministische Literatur war dann zusätzlich die „Druidin" oder „Weise Frau" unumgänglich.

4. Megalithen (in unserem Zitat Carnac) gehören zu den stehenden Requisiten druidischer Wirksamkeit. Megalithen und Druiden gehören in den Köpfen der Keltenliebhaber seit Jahrhunderten zusammen. Diese Verbindung ist ebenso selbstverständlich

und unreflektiert wie falsch. Ein missionierender Archäologe könnte aber eher Windmühlen besiegen, als die armen Druiden aus dem Bannkreis der auch für sie schon uralten Steine herauszulösen.

5. Die abgrundtiefe Weisheit der Kultkelten stammt im wesentlichen aus schwärmerischen Berichten griechisch-römischer Autoren (Piggott 1968). Wenn das romantische Europa des 18. Jahrhunderts sich für den „Edlen Wilden" (z. B. Indianer, Südseeinsulaner) begeisterte und in diesen Unzivilisierten ein Traumbild natürlicher Unverdorbenheit und naturverbundener Weisheit ohne Falsch und Fehl bewunderte, so statteten die antiken Autoren die Kelten zu gewissen Zeiten mit allen Tugenden der von den Intrigen der Zivilisation unberührten Naturweisen aus. Bezeichnenderweise blüht neben der Keltenbegeisterung der zweiten Hälfte des 20. Jahrhunderts auch ein neues Indianerinteresse, das mit „Lederstrumpf" nichts mehr zu tun hat. Typisch dafür ist eher der Zauberer und Drogenvisionär Don Juan Matus aus C. Castanedas Kultbuch „The Teachings of Don Juan; a Yaqui Way of Knowledge" (1968).

6. Die Kelten sind zwar Vergangenheit, aber selbstverständlich haben sie ein Erbe hinterlassen. Die Suche nach keltischem Erbgut ist vielerorts Teil der Suche nach nationaler Identität. Die Kelten sind als Vorzeige-Ahnen besonders begehrt, seit andere Vorfahren (vor allem germanische Stämme) aus zeitgeschichtlichen Gründen in Mißgunst stehen.

Diese sechs Motive finden sich in unterschiedlicher Zusammenset-

zung in den drei größeren Wirkungs-
kreisen wieder:

Der Druiden-Zauber

„Vergleicht man die höheren Lehren
des Druidenthums, namentlich seinen
Monotheismus, seinen begeisterten
Glauben an die Unsterblichkeit der
Seele und seine reinen ethischen
Grundsätze – vergleicht man des keltischen Volkes Religiosität und seinen
entwickelten Sinn für Freiheit …, der
Kelten Bildung in Kunst und Wissenschaft, und ihren symbolischen, er-
hebenden Kultus – mit der Bildung,
die die Annahme der neuen reinen
Weltreligion des Gottmenschen be-
dingt …, so muß man wahrlich
bekennen: Kaum ein ander Volk war
geeigneter und reifer, den ewigen
Rathschluß der erbarmenden Gottheit sich zuzueignen und einzutreten
in das Reich Gottes …“ schreibt
J. P. Brosi 1851 (107) in seinem Buch
„Die Kelten und Althelvetier“.

Ein Druide in Ausübung seines Amtes

Brosi war als Pater an den proto-
christlichen Aspekten des „Druidenthums“ besonders interessiert, denn
der christlich-erzieherische Standpunkt
diente ihm – in gut mittelalterlicher
Kirchentradition – als Legitimation
für seine historisch-archäologischen
Forschungen. Im übrigen war er ein
glänzender Vertreter der im 19. Jahrhundert üppig wuchernden Keltoma-
nie. Mit Nachdruck verweist er auf
den „Weltweisen Aristoteles, der nicht
nur behauptete, die Kelten seien das
älteste, tiefsinnigste, weltweiseste Volk
gewesen, sondern auch Philosophie
in Europa habe bei ihnen begonnen
und sie seien die Lehrer und Bildner
der Hellenen gewesen – eine Behaup-

tung, die vor Aristoteles auch die des
Pythagoras … gewesen!“

Damit ist der Katalog der Qualitäten, die den Druiden zugeschrieben
werden, weitgehend erstellt. Die fast-
christlichen Qualitäten des Druiden-
tums hatten freilich die Antike nicht
interessiert und sprechen auch das
20. Jahrhundert kaum an. Um so zen-
traler sind die Themen „Unsterblichkeit der Seele“ und „Pythagoras“.

Die keltische Lehre von der Unsterblichkeit der menschlichen Seele
dürfte vernünftigerweise die heutige
Keltenkultgemeinde gar nicht so sehr
faszinieren, denn aus christlicher
Sicht ist sie nichts als normal, und
sehr viele weitere Religionen gehen
ebenfalls von einer den physischen

Tod überdauernden Seele aus. Die unsterbliche Seele, und vor allem die angenehmen Zeiten, denen sie nach dem Tod entgegengeht, mußten jedoch alle diejenigen mit Bewunderung erfüllen, die selbst nach dem Tod ein trostloses Schattendasein im Haus des Hades erwarteten. Die Vorstellung einer fortdauernden Seele war den antiken Autoren vor allem aus der pythagoreischen Lehre bekannt. Wenn nun die Seelenvorstellungen der Kelten beschrieben werden mußten, lag ein Querverweis darauf natürlich nahe. Da die Pythagoreer aber auch die mehrfache Wiedergeburt einer Seele in verschiedenen Lebewesen dieser Welt annahmen, konnte sich aus dem Querverweis leicht die Vorstellung ergeben, die Kelten hätten ebenfalls an die Seelenwanderung (im Sinn einer Reinkarnation) geglaubt.

Diese Seelenwanderung wurde dann in den sechziger und siebziger Jahren des 20. Jahrhunderts, in der Zeit wild aufblühender Guru-Sekten, ein Angelpunkt des Interesses, das hindubegeisterte Blumenkinder für die Kultkelten entwickelten. Die Verschwiegenheitspflicht, der offenbar sowohl die Pythagoreer als auch die Druiden unterstellt waren, tat ein weiteres, um diese beiden Gruppen mit geheimnisvollen Schleiern der Gemeinsamkeit zu umweben und die Phantasie zu beflügeln.

Die antike Überlieferung zeichnet ein recht verschwommenes und klischeehaftes Bild von den Druiden. Man wußte, daß sie einen hohen sozialen Rang einnahmen, daß sie eine sehr lange Ausbildungszeit absolvierten und entsprechend gebildet sein mußten. Als Kenner und Hüter der Stammestradition wurden sie anscheinend zu richterlichen oder schiedsrichterlichen Aufgaben gerufen. Ihre Weisheit soll Parteiintrigen gelöst und kämpfende Heere getrennt haben – Wunschträume kriegsmüder Großstädter, ob in Alexandria oder Rom. Die Druiden beschäftigten sich offenbar auch mit philosophischen und wissenschaftlichen, vor allem naturwissenschaftlichen Studien. Ferner hatten sie die Macht, einen Kultbann, etwa entsprechend dem katholischen Kirchenbann, auszusprechen. Eine solche Fülle von sakraler, sozialer, politischer und wissenschaftlicher Kompetenz mußte für die Gebildeten der griechisch-römischen Welt außerordentlich beeindruckend sein, denn in ihrem eigenen Kulturkreis war nichts Entsprechendes bekannt. Man suchte und fand deshalb Parallelen: in ägyptischen Priestern, persischen Magiern und indischen Brahmanen. Alle diese Priester-Gelehrten gerieten durch ihre fremdartige Machtfülle in den Geruch des geheimnisvoll-unheimlichen, esoterischen Wissens.

Es ist bemerkenswert, wie intensiv dieser Geruch auch heute, nach zwei Jahrtausenden, noch aus den Grüften und Hainen weht – Goethe hat sich in seinem „Kophtischen Lied" souverän darüber lustig gemacht.

Die Gelehrsamkeit des christlichen Abendlandes wurde vorwiegend hinter den Mauern von Klöstern und Städten erarbeitet. Die Druiden dagegen pflegten anscheinend in Wäldern und Hainen das Wirken der Natur zu belauschen. Je städtischer und zivilisierter der Alltag war und ist, desto sehnsuchtsvoller träumten und träumen deshalb die Romantiker in der warmen Stube von den weisheitsträchtigen Nebeln im raunenden Eichenhain.

Druidinnen

Den Druiden als Vatergestalten von weiser Unfehlbarkeit wurden dann und wann auch Druidinnen beigesellt. Überzeugende Hinweise auf die Existenz von historischen Druidinnen fehlen, vereinzelt wird etwa eine Wahrsagerin als Druidin bezeichnet. Im wesentlichen sind sie aber Erfindungen der Nachwelt. Es ist deshalb nur konsequent, wenn im jungfrauensüchtigen 19. Jahrhundert die liebliche Druidin in unbefleckten Schleiern einherschreitet (Schwarz 1990), während die matriarchalisch-feministischen Vorstellungen des 20. Jahrhunderts die Druidin als „Weise Frau" – notwendigerweise mit dem der Weisheit entsprechenden Alter – geschaffen haben. Die Kräuterfrau der Jahrhundertwende wurde zur Druidin geadelt.

Merlin

Der Nimbus der Druiden erhielt seinen Glanz, allerdings eher indirekt, noch von einer andern Seite: von Merlin, dem Zauberer des Artus-Kreises. Merlin wird freilich in seiner ersten Fassung nicht als Druide, sondern als „Vates", als Seher, vorgestellt. Sein Bild hat wesentliche Elemente zum allgemeinen Druidenbild beigetragen. Geoffrey of Monmouth hat 1136 in seiner „Historia Regum Britannie" mit Merlin die typische Kultdruiden-Gestalt bereits geformt: die Sarastrogestalt, die Megalithen baut.

Die Zweifel der Regierten an der Weitsicht der Regierenden haben sich seit der Antike wenig verändert, man träumt vom Königsberater, der alles weiß. Merlin, der Seher, weiß, wie alles werden wird, und Merlin, der Magier, sorgt dafür, daß der richtige König auf den Thron kommt. Merlin hat aber auch sichtbare Spuren hinterlassen. Geoffrey of Monmouth berichtet, daß

Einer der wenigen „Menhire" keltischer Zeit: die Stele von Sainte-Anne-en-Trégastel (Côtes-d'Armor), Bretagne. Mit einer Höhe von 2 m zählt man sie zu den wenigen hohen Stelen der späten Eisenzeit.

Merlin den Steinkreis bei Salisbury, die „Chorea Gigantum", errichtet habe, indem er durch seine Zaubersprüche, dem Widerstand der gewaltigen Steine und des irischen Königs zum Trotz, den Transport der Anlage von „Killarao monte Hybernie" nach England ermöglicht habe. Stonehenge war nach Geoffrey als Grabmal für die in der Schlacht gegen Hengist und seine Angelsachsen gefallenen britonischen Heerführer gedacht. 1136 lag damit die Zuweisung der Megalithanlagen an die vorgermanische Bevölkerung keltischer Tradition vor.

1649 erklärte John Aubrey, er habe bei Avebury und Stonehenge britonische Druiden-Tempel erkannt und restauriert, und ab 1959 schickten Goscinny und Uderzo ihren bretonischen Menhirproduzenten Obelix auf seinen Triumphzug. Die mittelalterliche Verbindung von Megalithen und keltischen Druiden hat sich somit neun Jahrhunderte lang gehalten, und sie wird zweifellos weiter halten.

Der Artus-Zauber

Merlin ist das Bindeglied zwischen dem volkstümlichen Druidenbild und dem vielschichtigen Kreis der Artus-Erzählungen. Die Sagen um die Tafelrunde des Königs Artus gehören zwar nicht zu den direkten Quellen des Kultkelten-Bildes, sie spielen aber unter anderem in der feministischen und anthroposophischen Literatur eine Rolle und wirken von dorther auf die allgemeine Keltenvorstellung zurück.

Artus war keineswegs von Anfang an König. In den Berichten englischer Historiker aus dem 6.–10. Jahrhundert ist er noch der tragische Résistanceführer, der das britonische, also keltisch-römische England gegen die eindringenden germanischen Angelsachsen zu verteidigen versucht. In dieser Eigenschaft lebt er vor allem im Rückzugsgebiet der keltischsprachigen Bevölkerung, in Wales, weiter. Geoffrey of Monmouth, Waliser, Geistlicher und Gelehrter, legte in seiner „Historia" eine außerordentlich vollständige Abfolge englischer Könige vor, beginnend mit einem von Aeneas abstam-

menden Brutus (daher der Name
Briten). Auch Artus wurde mit könig-
lichem Rang versehen und in die
Liste eingereiht.

Am normannischen Hof brachte
man dem Kriegshelden Artus großes
Interesse entgegen, während seine
Rolle als Widerstandskämpfer wenig
Anklang fand – verständlicherweise:
Die Eroberer Englands waren nicht
bereit, den Widerstand der Unterwor-
fenen zu bewundern. Die Dichter
wandelten Artus deshalb vom Kämp-
fer für ein untergehendes Volk zum
ritterlichsten und christlichsten aller
Königen. Seine Ritterlichkeit wurde
vervielfacht in den Gefährten seiner
Tafelrunde, seine Christlichkeit erhielt
im Gral ein dichterisch außerordentlich ergiebiges Motiv.

Die vom Gral verklärten Helden
so vieler mittelalterlicher Abenteuer-
romane erhielten ihre keltische
Dimension im 18. und vor allem im
19. Jahrhundert, als eine allgemeine
Suche nach den nationalen Wurzeln
einsetzte. In der volkstümlichen Überlieferung, der „Folk-lore", glaubte man
uralte, getreu bewahrte Berichte und
Weisheiten zu entdecken. Da nun
Sagen aus dem Artus-Kreis sowohl in
Wales als auch in der Bretagne zu
finden waren, wurden sie als höchst-
willkommene Bereicherung keltischer
Geschichte eingesetzt. Der mittelalterliche Ritterkönig Artus seinerseits
gewann durch die Rückdatierung in
die geheimnisreichen Gefilde keltischer Vorzeit eine Einmaligkeit, die
ihm bis heute entsprechende Auf-
merksamkeit sichert.

Die Sagen des Artus-Kreises
werden bei uns, wie erwähnt, nicht allgemein mit den Kelten in Verbindung

gebracht. Das dürfte wenigstens zum
Teil auch darauf zurückzuführen sein,
daß Richard Wagner einer der bekanntesten Bearbeiter dieses Stoffes ist
(Lohengrin, Parzival, Tristan). Wagner
wird aber, nicht zuletzt seines „Ring
des Nibelungen" wegen, als ausgesprochen „germanisch" empfunden, was
sich auf alle seine Bearbeitungen mittelalterlicher Themen übertragen hat.

Der Irland-Zauber

Wer immer sich mit den „Kelten" be-
schäftigt, wird früher oder später Zitate
aus irischen Quellen antreffen. Keltenforscher aller Art pflegen die archäologischen Funde und die schriftlichen
Überlieferungen griechisch-römischer
Autoren durch kühne Griffe in den
irischen Sagenschatz und in das
Inventar irischer Volkskunde aufzu-
bessern. Die Iren gelten als die typischen Kelten, und alles Irische gilt
als keltisch schlechthin. Nur – irische
Historiker sind sich im klaren darüber, daß Irland bei weitem nicht so
keltisch ist, wie der Nationalismus
des 19. Jahrhunderts das gern haben
wollte. Irland wurde zum Land der
Kelten weniger, weil die Iren Kelten
sind, als weil sie Kelten sein wollten.

Die keltischen Traditionen
Irlands wurden im Zuge des „Celtic
Revival" (Sheehy 1980) im 19. Jahrhundert hervorgeholt und aufgebaut – im Kampf gegen die englische
Kolonialmacht. Der urwüchsige,
phantasievolle, keltische Ire wurde in
poetischer Verklärung dem angelsächsischen Kolonialherrn entgegenge-
stellt, nachdem englische Karikaturen
die irische Landbevölkerung lange
nur als halbaffenartige Primitive

dargestellt hatten. Der schriftliche Freiheitskampf wurde jedoch fast ausschließlich in englischer Sprache geführt, denn die Protagonisten beherrschten als gebildete Leute das keltische Irisch der Pächter und Fischer nicht. Irland erreichte schließlich den bis heute wirksamen Ruhm, als keltische Nation par excellence zu gelten, und es gelang ihm, alle andern Wurzeln irischer Kultur vergessen zu lassen: die vorkeltischen Iren, die sich gewiß nicht in Luft aufgelöst hatten vor den keltischen Einwanderern; die Missionare mit ihren gewichtigen christlich-römischen Kulturimporten; die angelsächsischen Feinde und gelegentlich auch Freunde, die unter anderem die auf Hochkreuzen so beliebten Flechtbandornamente einschleppten; die Wikinger, die alle größeren irischen Städte gründeten; die Normannen schließlich, die Irland zu einem Teil Englands machten – bis die „keltische Renaissance" die gebildete Welt zu faszinieren begann. Exakte Begriffsbestimmung hat aber bekanntlich immer eine Neigung, frustrierend zu wirken.

Wir verweisen nur auf ein vielzitiertes Beispiel, die vier jahreszeitlichen Festtage irischer Tradition: Imbolc oder St. Bridgid's Night (1. Februar), Beltaine (1. Mai), Lugnasad (1. August) und Samain (1. November). Diese Festtage bezeichnen in Irland Frühlings-, Sommer-, Herbst- und Winteranfang. Kontinentale Keltenforscher pflegen diese vier Daten meist unkritisch als „keltische" Festtermine zu übernehmen und in die Zeit der kontinentalen Kelten zurückzuprojizieren. Es ist auch schon mit stolzem Unterton darauf hingewiesen worden, daß der helvetische Nationalfeiertag vor 100 Jahren nicht zufällig auf den 1. August angesetzt worden sei. Der irische Zauber wirkt betörend.

Die vier Festtage waren in Irland und Wales Merkdaten des bäuerlichen Arbeitsjahres. Sie lassen sich schon aus klimatischen Gründen nur schwer aus dem Golfstromklima mit seinen milden Wintern auf den Jahreslauf im Kontinentalklima übertragen (Celtic Consciousness 1981/82). Schon im schottischen Peebles wird z. B. ein „Beltaine-Festival" nicht am 1. Mai, sondern erst Mitte Juni abgehalten. Irisch ist nicht gleich keltisch, genausowenig wie schottisch, walisisch oder bretonisch gleich keltisch sind. Die Intensität des Keltentums in Irland selbst könnte einen freilich anderes glauben lassen.

Keltomanie

Noch im 18. Jahrhundert galten die Kelten vielen Gelehrten als Stammvolk aller europäischen Völker, auch der Germanen, jedoch nicht der Slawen. Die Verbindung von Megalithen mit Druiden lieferte dazu ein starkes archäologisches Argument: Wo Megalithen standen, von Indien bis Irland und von Skandinavien bis Sardinien, mußten Kelten gewohnt haben. (...)

Gegen die Mitte des 19. Jahrhunderts zeichneten sich die heißen Kämpfe um nationale Zugehörigkeiten immer unvermeidlicher auch in der archäologischen Literatur ab. Der Kampf zwischen „Keltomanen" und „Germanomanen" (skizziert bei Böhner 1969) wurde mit den unterschiedlichsten Argumenten geführt. Es ging dabei der einen Seite darum, den Germanen, die ihrer Ansicht nach zu lange unterschätzt und vernachlässigt worden waren, den gebührenden Ehrenplatz in der Weltgeschichte zu erkämpfen. Die andere Seite verteidigte die grundlegende Bedeutung der Kelten, schrieb ihnen ein höheres Kulturniveau zu als den Germanen und verwies gelegentlich auf die Tatsache, daß die Kelten ja von den Römern zivilisiert worden waren, während die Germanen im Zustand der von Tacitus geschilderten Barbarei verblieben seien.

Aus der Zeit dieser Auseinandersetzungen im Gefolge des aufsteigenden germanischen Nationalismus stammt u. a. das Jugendbuch „Rulaman" von D. F. Weinland (Leipzig 1878, letztmals 1989 neu herausgegeben!). Darin treten die bösartigen, verräterischen „Kalats" (aus Kelten und Galatern zusammengemischt) auf und vernichten unter Leitung ihres Druiden die guten Einheimischen, doch wird ihnen prophezeit, daß sie dereinst von dem „wahren Volk der Sonne", hünenhaft, blond und blauäugig, ihrerseits vernichtet werden würden.

In das Lager der Keltenschwärmer gehörte dagegen R. Steiner, der den wesentlichen Grundstück der anthroposophischen Keltenliteratur geschrieben hat. Seine Fin-de-siècle-Stimmung trifft sich mit der heutigen, wenn er betont (zitiert nach M. Sills-Fuchs 1983, 129), die Druiden hätten Schriftzeichen verboten, weil sie „die Urschrift der Natur und des Alls lesen" wollten, und um dem „Intellektualismus ... den Eingang in die Volksseele der Kelten zu verwehren".

Die Germanen erhielten ihren Platz, nicht nur in der Geschichte ferner Vergangenheit, sondern durch Identifikation mit dem einen Volk, den Deutschen, auch in der Gegenwart. Wer sich phantasievoll mit ihnen beschäftigen wollte, sah sich durch politische Richtlinien eingeschränkt. Die Kelten dagegen blieben Freiwild. In der zweiten Hälfte des 20. Jahrhunderts begannen archäologische Keltenliteratur und pseudowissenschaftliche Kultvolkliteratur sich immer stärker voneinander abzusetzen. So wie die „Außerirdischen" in der Science-fiction-Literatur zur Lösung aller archäologischen und sonstigen Rätsel verwendet werden können, so wurden die Kultkelten zu Lieferanten aller jener tieferen, jenseitigeren, naturverwurzelten Geheimnisse, nach denen zivilisationsmüde und kirchenentwöhnte Gemüter dürsten. Weniger prosaisch formuliert: „Vielleicht fühlten die Kelten noch den Auftrag weiterzuwirken, obwohl ihre Sternenzeit, ihr Weltenmonat vorbei war ..." (Sills-Fuchs 1983, 157).

Weshalb wir den Keltenkult im Titel als Rache der Unterlegenen deklarieren? Es ist ein postumer Triumph von witzigster Absurdität, wenn man Verstand und Vernunft der Nachwelt in dieser Weise zu umnebeln vermag ...

Christin Osterwalder Maier:
Die Rache der Unterlegenen:
Keltische Siege im mystischen Nebel.
(1991)

Zeittafel zur Geschichte der Kelten

um 600 Gründung der phokaischen Kolonie Massalia (Marseille) am Rhonedelta

um 500 erwähnt Hekataios von Milet keltisches Siedlungsgebiet nördlich von Massalia

um 450 berichtet der griechische Historiker Herodot (ca. 485 – 425) von keltischen Siedlungsgebieten im Quellgebiet der Donau

um 400 beginnen die Keltenwanderungen nach Italien

387 Niederlage der Römer in der Schlacht an der Allia, keltische Truppen erobern Rom

386 Bündnis keltischer Stämme mit Dionysos von Syrakus

368 betreten erstmals keltische Söldner im Heer des Dionysos griechischen Boden

335 begegnet eine Delegation von auf dem Balkan siedelnden Kelten Alexander dem Großen

295 werden die miteinander verbündeten Senonen, Etrusker und Umbrier von den Römern bei Sentinum geschlagen

283 / 282 erobern die Römer das senonische Siedlungsgebiet an der Adria („ager gallicus"). Teile der Kelten ziehen von Italien in den Donauraum

279 versuchen keltische Truppen Delphi zu erobern

278 / 277 erreichen keltische Stämme („Galater") Kleinasien

249 werben die Boier keltische Truppen aus dem oberen Rhonetal (Gaisaten)

225 werden in der Schlacht von Telamon in Etrurien Boier, Insubrer und Gaisaten vernichtend geschlagen

191 endgültige Unterwerfung der keltischen Boier

179 letzter Kelteneinfall in Italien

141 Feldzug der Römer gegen die an Donau und Save siedelnden keltischen Skordisker

133 Abschluß der römischen Eroberungsfeldzüge in Spanien

121 römische Eroberung Südfrankreichs. Einrichtung der Provinz Gallia Narbonensis

113 – 101 ziehen die germanischen Kimbern und Teutonen durch Mittel- und Westeuropa

113 Niederlage römischer Truppen bei Noreia

113 – 109 vorübergehender Aufenthalt der germanischen Stammesgruppen bei den Helvetiern

109 Sieg gegen die Römer an der Rhone

109 – 105 Plünderung Galliens durch die germanischen Heere. Anschließend Übergriffe auf die Siedlungsgebiete der Belger

102 Niederlage der Teutonen bei Aquae Sextiae

101 Niederlage der Kimbern bei Vercellae

um 72 erreichen die germanischen Sueben keltisches Siedlungsgebiet in Nordhessen

62 / 61 erobern zahlreiche germanische Stämme unter Ariovist linksrheinische, keltisch besiedelte Gebiete am Oberrhein. Niederlage der Haeduer gegen die Truppen des Ariovist bei Magetobriga

58 – 51 Cäsars Feldzüge in Gallien

58 Sieg über die Helvetier bei Bibracte, Sieg über die Truppen Ariovists bei Mühlhausen (Elsaß)

57 Unterwerfung belgischer Stämme

56 Seesieg über die Veneter (Bretagne)

55 1. Rheinübergang und Expedition nach Britannien

54 2. Überfahrt nach Britannien

53 erneuter Rheinübergang

52 Aufstand der Gallier unter Vercingetorix, Sieg Cäsars bei Alesia

51 Abschluß der Eroberung Galliens

49 – 46 Römischer Bürgerkrieg

46 Hinrichtung des Vercingetorix

15. 3. 44 Ermordung Cäsars

25 wird Galatia römische Provinz

16 – 12 Neuordnung Galliens in die Provinzen Aquitania, Lugdunensis und Belgica durch Augustus

15 erobern römische Truppen unter Drusus die keltischen Territorien zwischen Alpen und Donau. Mit den Alpenvölkern verliert auch das Noricum seine Souveränität

Glossar

Alter Mann: Bergmännischer Ausdruck für alte, aufgelassene Bergwerke.

Antennendolch: Typische Dolchform der jüngeren Hallstattzeit mit einem in verzierten Fortsätzen („Antennen") endenden Griff. Antennendolche dienten wahrscheinlich als Standeszeichen und nicht als Waffe.

Attasche: Das flache Ende gegossener Henkel (oder ein Verbindungsstück zwischen Gefäßkörper und Henkel) aus Bronzegefäßen, mit oft reichem Reliefdekor in Form von Palmetten, Satyren oder Masken. Attasche und Gefäß wurden durch Vernietung oder Anlötung miteinander verbunden.

Birituell: Als birituell bezeichnet man Gräberfelder, auf denen gleichzeitig Körper- und Brandbestattungen stattfanden.

Bronzekrater: Offenes Großgefäß mit Standfuß und zwei Henkeln. Kratere dienten zum Mischen des Weins mit Wasser.

Dendrochronologie: Naturwissenschaftliche Methode zur Datierung von Holzfunden mit Hilfe der Baumringanalyse. Zur Zeit reicht der Datierungsbereich der Dendrochronologie von der Gegenwart bis ca. 4000 v. Chr.

Fibel: Gewandspange, vom Aufbau her heutigen Sicherheitsnadeln ähnelnd, mit der die Kleidungsteile zusammengehalten oder gerafft wurden. Während man in Nordeuropa Fibeln bereits seit dem Beginn der Bronzezeit verwendete, treten Fibeln im keltischen Kerngebiet nördlich der Alpen erst mit der Späthallstattzeit in Erscheinung, wo sie an die Stelle einfacher Gewandnadeln treten. Die systematische Klassifizierung und Ordnung der stark von Moden abhängigen Fibelformen lieferte das Grundgerüst für die relative Chronologie der Eisenzeit.

Filigrantechnik: Technik, bei der feine (tordierte) Edelmetalldrähte durch Löten auf einem glatten Untergrund befestigt werden. Als Pseudofiligran bezeichnet man entsprechende Auflagen, die zusammen mit dem Untergrund durch Gußverfahren erzielt wurden.

Granulation: Plastischer Dekor aus kleinsten Edelmetallkügelchen, die mit einem gleichartigen Untergrund verlötet werden.

Guß in verlorener Form: Gußverfahren, bei dem die oft aus mehreren Tonmänteln bestehende Gußform zerstört werden muß, um an den Rohguß zu gelangen.

Hydria: Wassergefäß mit zwei waagerechten Henkeln am Bauch und einem senkrechten Henkel am Hals.

Kantharos: Zweihenkliges Trinkgefäß mit oft hohem Fuß.

Klapperschmuck: Auffällige Kombination von Metallschmuckstücken, die nicht allein reinen Schmuckzwecken diente, sondern durch die Geräusche beim Aneinanderschlagen der Einzelstücke unheilabwehrende Bedeutung besaß.

Kline: Bett, Lager.

Krater: Siehe Bronzekrater.

Montanarchäologie: Zweck der Montanarchäologie, die einen Zweig der Ur- und Frühgeschichtsforschung darstellt, ist die Untersuchung prähistorischer, antiker und mittelalterlicher Bergwerke und ihrer zugehörigen Produktionsanlagen (Verhüttungsplätze etc.) mit archäologischen Methoden.

Oinochoe: Als Weinkanne mit Henkel Teil des Trinkgeschirrs und Vorbild für die keltischen Schnabelkannen.

Oppidum: Stadtähnliche, befestigte Wohnstätten (Siedlung) spätkeltischer Zeit.

Palmette: Dekormotiv in Form eines stilisierten Baumes mit symmetrisch angeordneten Zweigen.

Pektorale: Brustschmuck.

Pferdestachel (auch Treibstachel): Im Grab des Keltenfürsten von Eberding-Hochdorf mit Bronzeblech umwickelter Stab zur Steuerung eines Pferdegespanns.

Pyxis: Dosenförmiger Behälter.

Schalensteine: Mit napfförmigen Vertiefungen verzierte Steine oder Felspartien unbekannter Funktion.

Silen: Ursprünglich groteske Figur und Mischwesen aus Mensch und Pferd, später Begleiter des Dionysos.

Situla: Eimerförmiges Bronzegefäß.

Souterrain: In der Bretagne häufige Form eines in den anstehenden Granit eingetieften Kellers, der weniger als Speicher, sondern als Versteck in Krisenzeiten genutzt wurde.

Stamnos: Bauchiges Weingefäß mit kurzem Hals und weiter Öffnung.

Symposion: Trinkgelage.

Toreutik: Kunst der Metallbearbeitung auf kaltem Wege, wie Treiben, Hämmern, Ziselieren.

Urnenfelderkultur: Phase der späten Bronzezeit mit weiter Verbreitung von Friedhöfen mit Urnenbestattungen.

Kleine Auswahl der weiterführenden Literatur

Jörg Biel: Der Keltenfürst von Hochdorf, Stuttgart 1985.

Kurt Bittel, W. Kimmig, S. Schiek (Hrsg.):
Die Kelten in Baden-Württemberg, Stuttgart 1981.

Rosemarie Cordie-Hackenberg, R. Geiß-Dreier, A. Minron, A. Wigg (Bearb.): Hundert Meisterwerke keltischer Kunst. Schmuck und Kunsthandwerk zwischen Rhein und Mosel, Trier 1992.

Hermann Dannheimer, R. Gebhard (Hrsg.):
Das keltische Jahrtausend, Mainz 1993.

Paul-Marie Duval: Die Kelten, München 1978.

Alfred Haffner: Gräber – Spiegel des Lebens. Zum Totenbrauchtum der Kelten und Römer am Beispiel des Treverer-Gräberfeldes Wederath-Belginum, Mainz 1989.

Wolfgang Kimmig: Die Heuneburg an der oberen Donau. 2. Auflage, Stuttgart 1983.

Wolfgang Kimmig: Das Kleinaspergle, Stuttgart 1988.

Landesdenkmalamt Baden-Württemberg (Hrsg.): Der Keltenfürst von Hochdorf. Methoden und Ergebnisse der Landesarchäologie, Stuttgart 1985.

Sabatino Moscati, Otto Hermann Frey, Venceslas Kruta, Barry Raferty, Miklós Szabó: The Celts, London 1991.

Ludwig Pauli: Keltischer Volksglaube. Amulette und Sonderbestattungen am Dürnberg bei Hallein und im eisenzeitlichen Mitteleuropa, München 1976.

Konrad Spindler: Der Magdalenenberg bei Villingen, Stuttgart 1976.

Konrad Spindler: Die frühen Kelten, Stuttgart 1983.

Verwendete Literatur

Homer: Odyssee 10, 82–86; 11, 12–16; 11, 19. Übersetzung Isolde Stark, aus: Joachim Herrmann (Hrsg.): Griechische und lateinische Quellen zur Frühgeschichte Mitteleuropas bis zur Mitte des 1. Jahrtausends u. Z., Teil 1: Von Homer bis Plutarch. © 1988 Akademie-Verlag, Berlin.

Hekataios: Erdbeschreibung, fr. 55. Übersetzung Isolde Stark, aus: Ebd.

Herodot: Historien 2, 33, 3; 3, 115, 1–2; 3, 116, 1.3. Übersetzung Isolde Stark, aus: Ebd.

Jürgen Malitz: Die Historien des Poseidonios. © 1984 C. H. Beck'sche Verlagsbuchhandlung, München.

Edith Ennen / Walter Janssen: Deutsche Agrargeschichte. Vom Neolithikum bis zur Schwelle des Industriezeitalters. © 1979 Franz Steiner Verlag Wiesbaden, Stuttgart

Fritz Moosleitner: Handwerk und Handel, aus: Die Kelten in Mitteleuropa. Kultur, Kunst, Wirtschaft. Amt der Salzburger Landesregierung (Kulturabteilung) Salzburg, 1980. © Fritz Moosleitner, Salzburg.

Diodorus Siculus: Erdbeschreibung 5, 27. Übersetzung Adolf Wahrmund, Stuttgart 1869.

Strabo: Erdbeschreibung IV, 1, 13; IV, 2, 1; IV, 6, 7, IV, 6, 12. Übersetzung Albert Forbiger, Berlin 1906–1910.

Athenaeus: Gelehrtengastmahl VI, 233, aus: Jürgen Malitz: Die Historien des Poseidonios. © 1984 C. H. Beck'sche Verlagsbuchhandlung, München.

Franciscus Dückher von Haslau zu Winkl: Saltzburgische Chronika (1666), zitiert nach: Die Kelten in Mitteleuropa. Kultur, Kunst, Wirtschaft, Salzburg 1980.

Ilse Schwidetzky: Anthropologie der Dürrnberger Bevölkerung, aus: Ludwig Pauli: Der Dürrnberg bei Hallein, Bd. 3: Auswertung der Grabfunde. © 1978 Bayerische Akademie der Wissenschaften, München.

Peter Jud: Bevölkerung und Gesellschaft in keltischer Zeit, aus: Gesellschaft und Bevölkerung. © 1991 Schweizerische Gesellschaft für Ur- und Frühgeschichte SGUF, Basel.

Christin Osterwalder Maier: Die Rache der Unterlegenen. Keltische Siege im mystischen Nebel, aus: Archäologie der Schweiz 14, H. 1. © 1991 Schweizerische Gesellschaft für Ur- und Frühgeschichte SGUF, Basel.

In diesem Beitrag gekürzt zitierte Literatur:

K. Böhner: Vorwort zum Nachdruck von W. und L. Lindenschmitt: Das germanische Todtenlager bei Selzen (1848), Mainz 1968.

S. Piggott: The Druids, London 1968.

P. A. Schwarz:„La dernière Druidesse du Mont Terrible". Bemerkungen zu einer angeblichen Volkssage, in: Schweiz. Archiv für Volkskunde 86, 1990.

J. Sheehy: The Rediscovery of Ireland's Past: the Celtic Revival 1830–1930, London 1980

M. Sills-Fuchs: Wiederkehr der Kelten, München 1983.

D. S. Thomson: The Companion to Gaelic Scotland, Oxford 1987.

E. Uehli: Vorzeit der Schweiz, Zürich 1942.

Museen

mit bedeutenden Zeugnissen der keltischen
Zivilisation im deutschsprachigen Raum:

Deutschland

Berlin, Staatliche Museen Preußischer Kulturbesitz,
Museum für Vor- und Frühgeschichte

Bonn, Rheinisches Landesmuseum

Eberdingen, Keltenmuseum Hochdorf/Enz

Karlsruhe, Badisches Landesmuseum

Kelheim, Archäologisches Museum

Koblenz, Mittelrhein-Museum

Konstanz, Archäologisches Landesmuseum

Mainz, Mittelrheinisches Landesmuseum

Mainz, Römisch-Germanisches Zentralmuseum

München, Prähistorische Staatssammlung

Nürnberg, Germanisches Nationalmuseum

Römhild, Steinsburgmuseum

Saarbrücken, Landesmuseum für Vor- und
Frühgeschichte

Speyer, Historisches Museum der Pfalz

Straubing, Gäubodenmuseum

Stuttgart, Württembergisches Landesmuseum

Trier, Rheinisches Landesmuseum

Villingen-Schwenningen, Franziskaner-Museum
und Städtisches Heimatmuseum

Österreich

Asparn an der Zaya, Museum für Urgeschichte

Bregenz, Vorarlberger Landesmuseum

Eisenstadt, Burgenländisches Landesmuseum

Graz, Landesmuseum Johanneum

Hallein, Keltenmuseum

Hallstatt, Prähistorisches Museum

Klagenfurt, Landesmuseum für Kärnten

Mannersdorf am Leithagebirge, Heimatmuseum

St. Pölten, Historisches Museum

Salzburg, Salzburger Museum Carolino Augusteum

Wien, Naturhistorisches Museum, Prähistorische
Abteilung

Schweiz / Lichtenstein

Basel, Historisches Museum

Bern, Bernisches Historisches Museum

Biel, Museum Schwab

Zürich, Schweizerisches Landesmuseum

Vaduz, Liechtensteinisches Landesmuseum

Bildnachweise

Umschlag
Vorderseite: Detail eines bronzenen Wagenbeschla-
ges von Dejbjerg (Jütland, Dänemark), 1. Jahrhun-
dert v. Chr. Kopenhagen, Nationalmuseum.
Rückseite: Bronzehelm mit Hornaufsätzen aus der
Themse bei London, Nähe Waterloo Bridge. Anfang
1. Jahrhundert n. Chr. London, British Museum.
Photo: Archiv für Kunst und Geschichte, Berlin.
Buchrücken: Janusköpfige Sandsteinstele von Holz-
gerlingen (Kr. Böblingen, Baden-Württemberg).
Stuttgart, Württembergisches Landesmuseum.
Photo: Landesdenkmalamt Baden-Württemberg,
Stuttgart.

Bildvorspann
1 Bronzeblechmaske eines männlichen Gottes (?)
von Montsérié (Hautes-Pyrénées), 1. Jahrhundert
v. Chr. Tarbes, Musée Massey.
2/3 Gesichtsmaske und zwei Hände aus getrie-
benem Bronzeblech, Beschläge eines hölzernen
Leichenbrandbehälters aus einem Großgrabhügel,
dem sog. „Kröll-Schmied-Kogel", bei Kleinklein
(Steiermark), 7. Jahrhundert v. Chr. Graz, Landesmuseum Johanneum. Photo: E. Lessing / Magnum.
4 Detail der Bronzestatue von Bouray-sur-Juine
(Essonne), um die Zeitenwende. St-Germain-en-
Laye, Musée des Antiquités Nationales. Photo:
Dagli Orti, Paris.
5 Kalksteinkopf, Porträt eines Ahnen (?), aus der
Viereckschanze von Msecké Zehrovice, 2. – 1. Jahrhundert v. Chr. Prag, Národní Muzeum.
6/7 Photomontage des sogenannten „Zweiköpfi-
gen Hermes von Roquepertuse", 3. – 2. Jahrhundert
v. Chr. Marseille, Musée de la Vieille Charité.
Photo: Gamma / E. Brissaud, Paris.
8/9 Details des mit zwölf Kopfdarstellungen
verzierten Pfeilers von Entremont, 2. Jahrhundert
v. Chr. Aix-en-Provence, Musée Granet. Photo:
Gamma / E. Brissaud, Paris.
11 Bronzene Krieger- und Tierstatuetten vom
Gutenberg bei Balzers (Liechtenstein), 3. – 1. Jahrhundert v. Chr. Vaduz, Liechtensteinisches Landesmuseum. Photo: Artephot / Faillet, Paris.

Erstes Kapitel
12 Charles Royer: Grabstätte von La-Motte-
Saint-Valentin bei Langres. Öl auf Leinwand, 1884.
Paris, Musée d'Orsay. Photo: Réunion des Musées
Nationaux, Paris.
13 Bronzestatuette aus Grab 585 des Gräberfeldes
von Hallstatt (Österreich), 7. – 6. Jahrhundert v. Chr.
Wien, Naturhistorisches Museum.
14 (oben) Stich des Kupferkessels von Podmokoly
(Bodenbach) in Böhmen von 1771.
14 (unten) Buntsandsteinstele mit Reliefverzie-
rung von Pfalzfeld (Rhein-Hunsrück-Kreis) aus dem
4. Jahrhundert v. Chr. Bonn, Rheinisches Landesmuseum. Photo: Scala.

15 (oben) Blick auf den Hallstätter See in Oberösterreich. Photo: E. Lessing/Magnum.

15 (unten) Blick auf den Neuenburger See (Lac de Neuchâtel) in der Gegend von La Tène bei Marin (Schweiz). Photo: E. Lessing/Magnum.

16/17 Brustpanzer aus Marmesse (Haute-Marne), 9.–8. Jahrhundert v. Chr. St-Germain-en-Laye, Musée des Antiquités Nationales. Photo: Réunion des Musées Nationaux, Paris.

16 (oben) Rekonstruktion des eisenzeitlichen Grabhügels v. Tübingen-Kilchberg (Baden-Württemberg). Photo: Landesdenkmalamt Baden-Württemberg.

16 (Mitte) Graburne von Sublaines (Indre-et-Loire). St-Germain-en-Laye, Musée des Antiquités Nationales.

17 (oben) Bronzepektorale von Les Moidons (Jura). Ebenda.

18/19 Zeichnung einer verzierten Schwertscheide aus Grab 994 des Gräberfeldes von Hallstatt (Oberösterreich), 4. Jahrhundert v. Chr.).

18 (links, rechts) Aquarell und Photo eines Prunkbeils aus dem Gräberfeld von Hallstatt. St-Germain-en-Laye, Bibliothek des Musée des Antiquités Nationales. Photo: Ebenda (Aquarell). Wien, Naturhistorisches Museum. Photo: E. Lessing/Magnum.

19 (oben) Detail der verzierten Schwertscheide aus Grab 994 von Hallstatt. Ebenda. Photo: E. Lessing/Magnum.

20 (oben) Bronzene Rippenciste aus dem Grabhügel von Montceau-Laurent in Magny-Lambert (Côte-d'Or), 8. Jahrhundert v. Chr. St-Germain-en-Laye, Musée des Antiquités Nationales. Photo: E. Lessing/Magnum.

20 (unten) Bronzefibel (von vorn und von hinten) des 7. Jahrhunderts v. Chr. Wien, Naturhistorisches Museum. Photo: E. Lessing/Magnum.

21 Schwerter mit langen Eisenklingen und reich verzierten Griffen des 7. Jahrhundert v. Chr. von Hallstatt (Oberösterreich), Aquarellzeichnung. St-Germain-en-Laye, Bibliothek des Musée des Antiquités Nationales.

22 Schuh eines Bergmanns vom Dürrnberg bei Hallein (Salzburg). Salzburg, Museum Carolino Augusteum. Photo: E. Lessing/Magnum.

23 Ausgrabungen in Hallstatt unter der Leitung der Großherzogin von Mecklenburg im Jahr 1907. Photo: St-Germain-en-Laye, Musée des Antiquités Nationales.

24/25 Bei den Ausgrabungen Georg Ramsauers in Hallstatt aufgedeckte Gräber, Aquarelle von Isidor Engel. Wien, Naturhistorisches Museum. Photo: E. Lessing/Magnum.

26 (oben) Neuzeitlicher Riß des Salzbergwerks von Hallstatt. St-Germain-en-Laye, Bibliothek des Musée des Antiquités Nationales.

26 (Mitte) Rezente aus dem Salzbergbau im Dürrnberg bei Hallein. Salzburg, Museum Carolino Augusteum. Photo: E. Lessing/Magnum.

26 (links) Kienspangeleucht aus dem prähistorischen Salzbergwerk von Hallstatt. Wien, Naturhistorisches Museum. Photo: E. Lessing/Magnum.

27 (unten) Tragekorb für die Förderung von Steinsalz aus dem Bergwerk von Hallstatt. Wien, Naturhistorisches Museum. Photo: Archiv für Kunst und Geschichte, Berlin.

Zweites Kapitel

28 Detail der figürlichen Verzierung der Bronzekline aus dem Fürstengrab von Hochdorf. Stuttgart, Württembergisches Landesmuseum. Photo: Landesdenkmalamt Baden-Württemberg.

29 „Der Krieger von Hirschlanden" (Baden-Württemberg): anthropomorphe Stele aus einem Hügelgrab des 6. Jahrhunderts v. Chr. Stuttgart, Württembergisches Landesmuseum.

30 Der Hohenasperg (Baden-Württemberg) in einer historischen Aufnahme. Photo: Editions Gallimard, Paris.

30/31 Karte mit den wichtigsten keltischen Fundstätten des 6. Jahrhunderts v. Chr. Zeichnung von F. Place.

31 Kleine Amphore von Mercey (Haute-Saône). St-Germain-en-Laye, Musée des Antiquités Nationales. Photo: Réunion des Musées Nationaux, Paris.

32 Bronzehydria von Grächwil (Bern). Bern, Historisches Museum.

33 (oben links) Plan der Heuneburg. Zeichnung Wolfgang Kimmig.

33 (oben rechts) Mauersockel aus groben Steinquadern auf der Heuneburg (Baden-Württemberg). Photo: Editions Gallimard, Paris.

33 (unten) Zeichnung eines Silenkopfes nach dem Positiv einer Gußform aus der Heuneburg bei Hundersingen.

34/35 Rekonstruktion eines Begräbniswagens. München, Prähistorische Staatssammlung. Photo: Claus Hansmann.

34 (oben) Rekonstruktionsskizze der ungestörten Grabkammer VI im Hohmichele bei Hundersingen.

35 (oben) J. Moosbrugger: Ausgrabungen am Hügelgrab von Kaltbrunn. Öl auf Leinwand, 1864. Konstanz, Rosgartenmuseum.

35 (unten) Übersichtsplan der Gräber im Magdalenenberg bei Villingen-Schwenningen.

36/37 Bronzekline von Hochdorf (Baden-Württemberg). Stuttgart, Württemb. Landesmuseum.

36 (Mitte) Goldener Schuhbesatz aus dem Fürstengrab von Hochdorf. Ebenda.

36 (unten) Schädel des Fürsten von Hochdorf. Aus dem Hauptgrab von Hochdorf. Ebenda. Photo: St-Germain-en-Laye, Musée des Antiquités Nationales.

37 (unten) Mit Korallen dekorierter Bronzefuß der Sitzbank von Hochdorf. 6. Jahrhundert v. Chr. Landesdenkmalamt Baden-Württemberg.

38 (oben) Eisernes Trinkhorn, verziert mit Gold. Aus dem Fürstengrab von Hochdorf, 6. Jahrhundert v. Chr. Stuttgart, Württembergisches Landesmuseum. Photo: Landesdenkmalamt Baden-Württemberg.

38 (unten) Mit Greifenköpfen dekorierter Kessel auf einem Dreifußgestell.

39   (oben) Skizze des Grabes von Hochdorf und seiner Ausstattung.
39   (unten) Oberteil des Bronzekessels aus dem Grab von Hochdorf, 6. Jahrhundert v. Chr. Stuttgart, Württembergisches Landesmuseum.
40   (oben) Bronzeflasche mit vier Standfüßen aus einem Grab vom Dürrnberg bei Hallein (Österreich), 5. Jahrhundert v. Chr. Hallein, Keltenmuseum. Photo: E. Lessing/Magnum.
40   (Mitte) Bronzeschnabelkanne vom Comer See. Giovio, Museo civico archeologico. Photo: Dagli Orti, Paris.
40   (unten links) Armreifen und Köpfe von Gewandnadeln aus Gold. Stuttgart, Württembergisches Landesmuseum. Photo: E. Lessing/Magnum.
40   (unten rechts) Goldene Perle und Kette aus dem Hügelgrab von Ins (Bern). Bern, Historisches Museum. Photo: E. Lessing/Magnum.
41   (oben) Goldener Anhänger aus dem Hügelgrab von Jegenstorf. Bern, Historisches Museum.
41   (unten) Goldreif aus dem Hügelgrab von Uttendorf (Österreich), 6. Jahrhundert v. Chr. Linz, Oberösterreichisches Landesmuseum. Photo: E. Lessing/ Magnum.
42   (oben) Rekonstruktion des Kopfes der Frau von Vix. Musée de Châtillon-sur-Seine. Photo: J.-P. Mohen.
42   (unten) Krater und attische Schale aus dem Grab von Vix (Côte-d'Or), Ende des 6. Jahrhunderts v. Chr. Ebenda. Photo: Dagli Orti, Paris.
43   (oben) Detail des goldenen Halsreifs der Fürstin von Vix (Ausschnitt). Ebenda. Photo: Dagli Orti, Paris.
43   (unten) Gesamtansicht des goldenen Halsreif aus dem Grab von Vix. Ebenda. Photo: Dagli Orti, Paris.
44   Mit Tuchstreifen umwickeltes Bronzegefäß aus dem Hügelgrab von Ronce (Loiret). Musée de Châtillon-Coligny. Photo: Musée des Antiquités Nationales, St-Germain-en-Laye.
45   (oben) Glasperlen aus Slowenien, 6. Jahrhundert v. Chr. Ljubljana, Narodni Muzej. Photo: E. Lessing/Magnum.
45   (unten) Halskette aus Stein- und Bernsteinperlen sowie Knochenverteilern aus einem Grab vom Dürrnberg bei Hallein (Österreich).
46   (oben) Hallstattzeitliches Gürtelblech. Wien, Naturhistorisches Museum. Photo: E. Lessing/ Magnum.
46/47   Kultwagen von Strettweg, 7. Jahrhundert v. Chr. Graz, Landesmuseum Johanneum.
46   (unten) Kleine Bronzefigur eines Wildschweins von Balzers. Vaduz, Liechtensteinisches Landesmuseum. Photo: Archiv für Kunst und Geschichte, Berlin.
47   Hängegefäß aus Fischbach-Schirndorf in der Oberpfalz. München, Prähistorische Staatssammlung. Photo: Claus Hansmann.
48/49   Bronzenes Gürtelblech aus dem Grabhügel II von Magdalenska Gora (Slowenien), 6. Jahrhundert v. Chr. Wien, Naturhistorisches Museum. Photo

(hier seitenverkehrte Wiedergabe): Archiv für Kunst und Geschichte, Berlin.
48   (unten) Gelageszene auf der Situla von Kuffarn (Niederösterreich). Wien, Naturhistorisches Museum. Photo: Archiv für Kunst und Geschichte, Berlin.
49   (oben) Zeichnung der Situla von der Villa Benvenuti, Este (Italien).
49   (unten) Detail des bronzenen Gürtelblechs von Vace. Wien, Naturhistorisches Museum. Photo (hier seitenverkehrte Wiedergabe): Archiv für Kunst und Geschichte, Berlin.

Drittes Kapitel

50   Detail des Frieses von Civitalba. Ancona, Museo delle Marche. Photo: Editions Fabbri-Bompiani, Mailand.
51   Bronzene Vogelfibel aus einem Grab von Dürrnberg bei Hallein (Österreich), 5. Jahrhundert v. Chr. Hallein, Keltenmuseum.
52   (oben) Skizze des Adelsgrabes im Kleinaspergle bei Hohenasperg. Aquarellzeichnung. Photo: Musée des Antiquités Nationales, St-Germain-en-Laye.
52/53   Trinkhornendbeschläge aus dem Adelsgrab im Kleinaspergle. Stuttgart, Württembergisches Landesmuseum. Photo: E. Lessing/Magnum.
53   (oben) Bronzespiegel aus dem Grabhügel La Motte-Saint-Valentin (Marne). St-Germain-en-Laye, Musée des Antiquités Nationales.
53   (unten) Goldenes Miniaturboot aus einem Kriegergrab vom Dürrnberg bei Hallein. Hallein, Keltenmuseum.
54   (oben) Kleine Goldapplikation in Form einer Maske. Aus dem Grab von Schwarzenbach (Kr. St. Wendel), 5. Jahrhundert v. Chr. Berlin, Antikenmuseum, Staatliche Museen Preußischer Kulturbesitz. Photo: Staatliche Museen Preußischer Kulturbesitz, Berlin.
54/55   Tordierter Goldring aus dem Fürstinnengrab von Reinheim (Saarpfalz-Kreis). Saarbrücken, Landesmuseum für Vor- und Frühgeschichte.
54   (unten) Rekonstruierte Holzschale mit verzierten Goldblechapplikationen aus Schwarzenbach, 5. Jahrhundert v. Chr. Berlin, Antikenmuseum, Staatliche Museen Preußischer Kulturbesitz. Photo: Staatliche Museen Preußischer Kulturbesitz, Berlin.
55   Dreifuß und Stamnos aus Bronze. Aus dem Adelsgrab von Bad Dürkheim, 5. Jahrhundert v. Chr. Speyer, Historisches Museum der Pfalz.
56   (oben) Schlanker Becher mit eingeritztem Dekor von La Cheppe (Marne). St-Germain-en-Laye, Musée des Antiquités Nationales.
56   (unten) Bronzehelm aus dem reichen Adelsgrab von Berru (Marne), 4. Jahrhundert v. Chr. Ebd.
57   (oben) Phalere aus dem Grab von Cuperly (Marne). Ebenda. Photo: Réunion des Musées Nationaux, Paris.
57   (unten) Phaleren aus Saint-Jean-sur-Tourbe (Marne). Ebenda.
58   (oben) Fußvase mit reicher kurvolinearer Bemalung von Prunay (Marne), 5. Jahrhundert v. Chr. London, British Museum.

58 (unten) Fibel mit drei Masken von Slovenské Pravno, Slowakei, 2. Hälfte 5. Jahrhundert v. Chr. Nitra, Archäologisches Institut der Slowakischen Akademie der Wissenschaften. Photo: Flinders University of South Africa, Adelaide.
59 (oben) Anthropomorphe Bronzefibel aus Grab 74 von Manetín-Hrádek (Böhmen), 5. Jahrhundert v. Chr. Prag, Národní Muzeum. Photo: Editions Fabbri-Bompiani, Mailand.
59 (unten) Gürtelhaken des 4. Jahrhunderts v. Chr. von Hölzelsau bei Kufstein (Tirol, Österreich). München, Prähistorische Staatssammlung.
60 (oben links) Attasche einer Bronzeschnabelkanne aus dem Kleinaspergle. Landesdenkmalamt Baden-Württemberg.
60 (oben rechts) Bronzefibel. Hallein, Keltenmuseum.
60 (unten) Fibel aus Knochen in Gestalt eines Vogels, 5. Jahrhundert v. Chr. Hallein-Dürrnberg, Grab 102. Salzburg, Museum Carolino Augusteum. Photo: Editions Fabbri-Bompiani, Mailand.
60/61 Detail der Deckelzier einer bronzenen Röhrenkanne in Gestalt eines Pferdes mit menschlichem Haupt aus dem Fürstengrab von Reinheim (Saarland), Rekonstruktion. Dudweiler, Landesinstitut für Pädagogik und Medien.
61 (oben) Detail eines goldenen Armringes aus dem Grabhügel von Rodenbach (Rheinland-Pfalz). Speyer, Historisches Museum der Pfalz.
61 (Mitte) Bronzener Jochaufsatz zur Zügelführung mit Email- und Koralleneinlagen aus dem Grab von Waldalgesheim, 4. Jahrhundert v. Chr. Bonn, Rheinisches Landesmuseum.
61 (unten) Bronzene Zügelführung in Gestalt eines Mannes, 2. Jahrhundert v. Chr. St-Germain-en-Laye, Musée des Antiquités Nationales.
62 Bronzekanne von Basse-Yutz (Moselle), 4. Jahrhundert v. Chr., verziert mit Koralle und Emaille. Abbildung des gesamten Objekts und Details. London, British Museum. Photo: E. Lessing/Magnum.
63 Bronzekanne aus Grab 112 des Gräberfeldes von Hallein-Dürrnberg, Anfang 4. Jahrhundert v. Chr. Gesamtaufnahme und Details. Salzburg, Museum Carolino Augusteum. Photo: Editions Fabbri-Bompiani, Mailand.
64 (oben) Karte mit dem Verbreitungsgebiet keltischer Stämme in Italien im 4. Jahrhundert v. Chr.
64 (unten) Der Helm von Canosa (Apulien), Eisen, Bronze und Koralle. Berlin, Antikensammlung, Staatliche Museen Preußischer Kulturbesitz. Photo: Staatl. Museen Preuß. Kulturbesitz, Berlin.
65 (oben) Evariste Luminais: Die Gallier vor Rom. Gemälde aus dem 19. Jahrhundert, Öl auf Leinwand. Nancy, Musée des Beaux-Arts. Photo: Musée des Beaux-Arts/Gilbert Mangin, Nancy.
65 (unten) Fragment einer Steinstele aus Bormio, 4. Jahrhundert v. Chr. Como, Museo Civico Archeologico. Photo: Editions Fabbri-Bompiani, Mailand.
66 Paul Jamin: Die Plünderung Roms durch die Gallier im Jahr 390 v. Chr. (Ausschnitt). Gemälde

aus dem 19. Jahrhundert, Öl auf Leinwand. Paris, Privatsammlung. Photo: Michel Comode.
67 Paul Jamin: Brennus und sein Teil der Beute (Ausschnitt). Gemälde aus dem 19. Jahrhundert, Öl auf Leinwand. La Rochelle, Musée des Beaux-Arts. Photo: Musée des Beaux-Arts/J. + M., La Rochelle.
68 Der eiserne Helm von Ciumesti (Rumänien), 3. Jahrhundert v. Chr.). Bukarest, Muzeul National de Istorie.
68/69 Fliehende Gallier nach der Plünderung eines Heiligtums. Fries von Civitalba, 2. Jahrhundert v. Chr. Ancona, Museo delle Marche. Photo: Editions Fabbri-Bompiani, Mailand.
69 (unten) Alexander der Große. Griechische Skulptur des 4. Jahrhunderts v. Chr. Paris, Musée du Louvre. Photo: E. Lessing/Magnum.
70 (oben) Goldener Trinkhornbeschlag von Eigenbilzen (Limburg, Belgien). 5. Jahrhundert v. Chr. Brüssel, Musées Royaux d'Art et d'Histoire. Photo: Editions Fabbri-Bompiani, Mailand.
70 (unten) Der Prunkhelm von Agris (Charente). Eisen, Bronze, Vergoldungen und Koralleverzierungen. 4. Jahrhundert v. Chr. Musée d'Angoulme. Photo: Gamma/E. Brissaud, Paris.
70/71 Fibel aus dem Gräberfeld von Dobova, um 300 v. Chr. Brezice, Posavski Muzej.
71 (oben) Zügelführung, wahrscheinlich aus der Gegend von Paris. St-Germain-en-Laye, Musée des Antiquités Nationales.
72 (oben) Stiefelgefäß aus Kosd (Ungarn), 3. Jahrhundert v. Chr. Budapest, Magyar Nemezeti Muzeum.
72 (unten) Gefäßboden, verziert mit der Darstellung eines Galliers bei der Plünderung Delphis, 2. Jahrhundert v. Chr. St-Germain-en-Laye, Musée des Antiquités Nationales. Photo: Réunion des Musées Nationaux, Paris.
73 Alphonse Cornet: Einnahme des Tempels von Delphi durch die Gallier. Gemälde aus dem 19. Jahrhundert, Öl auf Leinwand. Riom, Musée Francisque Mandet. Photo: Giraudon, Paris.
74 (links) Goldreif von Lasgraïsses (Tarn). Toulouse, Musée Saint-Raymond. Photo: J. Dieuzaide.
74 (rechts) Selbstmord eines fliehenden Galliers mit seiner Frau. Marmorkopie eines Bronzeoriginals aus dem 3. Jahrhundert v. Chr. Rom, Museo Nazionale Romano. Photo: Editiona Fabbri-Bompiani, Mailand
75 Sterbender Gallier. Marmorstatue. Rom, Kapitolinische Museen. Photo: Scala.
76 (oben) Bronzener Armreif aus dem Département Tarn, 3. Jahrhundert v. Chr. St-Germain-en-Laye, Musée des Antiquités Nationales.
76 (unten) Statue eines Kriegers vom Castro do Lezenho (Portugal), 2.–1. Jahrhundert v. Chr. Lissabon, Museu Nacional de Arqueologia e Entologia.
77 (links) Verzierte Urne aus dem Hügelgrab von Kervenez bei Saint-Pol-de-Léon (Finistère, Bretagne), 4. Jahrhundert v. Chr. Morlaix, Musée des Jacobins. Photo: Musée des Jacobins/Alain de Nouail, Morlaix.

77 (rechts) Mit geometrischen Mustern verzierte bronzene Dolchscheide von Kernavest (Morbihan), 5. Jahrhundert v. Chr. Vannes, Société Polymathique du Morbihan.

Viertes Kapitel
78 Evariste Luminais: Kampf zwischen Römern und Galliern. Gemälde aus dem 19. Jahrhundert, Öl auf Leinwand. Carcassonne, Musée des Beaux-Arts.
79 Anthropomorph verzierter Griff eines Schwertes von Tesson (Charente-Maritime). St-Germain-en-Laye, Musée des Antiquités Nationales. Photo: Réunion des Musées Nationaux, Paris.
80 Ansicht von Glanun bei St-Rémy-en-Provence. Photo: Gamma/E. Brissaud, Paris.
80/81 Die Niederlage der Kimbern. Zeichnung vom M. Décamps. Paris, Bibliothèque des Arts Décoratifs. Photo: J.-L. Charmet, Paris.
81 Amphorenladung eines gesunkenen Schiffes, gefunden 1972 im Meer vor den Hyèrischen Inseln. Photo: CNRS, Aix-en-Provence.
82/83 F. Schutzenberger: Unterredung zwischen Cäsar und Ariovist im Elsaß. Gemälde aus dem 19. Jahrhundert, Öl auf Leinwand. Mulhouse, Musée des Beaux-Arts. Photo: Musée des Beaux-Arts/Ph. Kempf, Mulhouse.
82 (unten) Eichenholzstatue aus dem Hafengebiet von Genf mit rekonstruiertem Halsring von Saint-Louis bei Basel. Musée d'Art et d'Histoire, Genf. Photo: Gamma/E. Brissaud, Paris.
83 (links) Goldreif und Schmuckstücke aus dem Goldschatz von Saint-Louis bei Basel. St-Germain-en-Laye, Musée des Antiquités Nationales.
83 (rechts) Rekonstruktion der Befestigungsanlagen von Mont-Vully. Zeichnung von G. Kaenel und Ph. Curdy. Lausanne, Musée Cantonal d'Archéologie et d'Histoire. Photo: Gilbert Kaenel/Ph. Curdy.
84 Die Brücke über den Rhein. Stich aus: „L'Histoire des Romains" von Victor Duruy. Photo: Editions Gallimard, Paris.
85 Karte mit den wichtigsten gallischen Stämmen während der Eroberungskriege Cäsars. Zeichnung von F. Place.
86 (links) François Emile Ehrmann: Vercingetorix ruft die Gallier zur Verteidigung von Alesia auf (Ausschnitt). Gemälde von 1869, Öl auf Leinwand. Clermond-Ferrand, Musée Bargoin.
86 (rechts) Goldmünze mit dem Porträt des Vercingetorix. Puy-de-Dôme. St-Germain-en-Laye, Musée des Antiquités Nationales. Photo: Réunion des Musées Nationaux, Paris.
87 (oben) Vorder- und Rückseite einer Münze mit dem Porträt des Dumnorix. Paris, Bibliothèque Nationale, Dép. des Monnaies et Medailles. Photo: Bibliothèque Nationale, Paris.
87/88 (unten/oben) Die Belagerung von Alesia. Stich aus: „L'Histoire des Romains" von Victor Duruy. Photo: Editions Gallimard, Paris.
88/89 (unten) H. P. Motte: Vercingetorix wendet sich an Cäsar. Ausschnitte aus einem Gemälde des

19. Jahrhunderts, Öl auf Leinwand, 1860. Le-Puy-en-Velay, Musée Cordier. Photo: Giraudon, Paris.
89 (oben) Evariste Luminais: Flucht eines gallischen Gefangenen. Gemälde aus dem 19. Jahrhundert, Öl auf Leinwand. Mulhouse, Musée des Beaux-Arts. Photo: Musée des Beaux-Arts/Ph. Kempf, Mulhouse.
90/91 Gold- und Silbermünzen. St-Germain-en-Laye, Musée des Antiquités Nationales. Photo: Gamma/E. Brissaud, Paris.
92 (oben) Luftaufnahme der Festung von Oghil in Irland.
92 (unten) Bronzehelm mit Hornaufsätzen aus der Themse bei London, Nähe Waterloo Bridge. Anfang 1. Jahrhundert n. Chr. London, British Museum. Photo: Archiv für Kunst und Geschichte, Berlin.
93 Boudicca, die Königin der Icener, in einem kolorierten Stich des 19. Jahrhunderts aus England. Photo: Mary Evans Picture Library/Explorer, Paris.
94 Paradeschild von Battersea. 1. Jahrhundert n. Chr. London, British Museum.
95 (oben) Verzierter Bronzespiegel v. Desborough. Ebenda.
95 (unten links) Der Stein von Turoe (Galway, Irland), 1. Jahrhundert v. Chr. Photo: Suzanne Bosman, London.
95 (unten rechts) Der Stein von Kermaria (Finistère, Bretagne), 4. Jahrhundert v. Chr. St-Germain-en-Laye, Musée des Antiquités Nationales. Photo: Editions Fabbri-Bompiani, Mailand.
96 Werkzeuge und Rohmaterialien aus der Werkstatt eines Emailleurs in Bibracte. St-Germain-en-Laye, Musée des Antiquités Nationales.
96/97 Das Oppidum von Bibracte (Nièvre). Photo: Gamma/E. Brissaud, Paris.
97 (links) Ringe aus farbigem Glas von Mathay (Doubs). St-Germain-en-Laye, Musée des Antiquités Nationales. Photo: Réunion des Musées Nationaux, Paris.
97 (rechts) Modell eines keltischen Oppidums mit Pfostenschlitzmauer. Basel, Historischesmuseum.
98 Schlagmarke und Namenszug eines „Korisios" auf einer Schwertklinge von Port, Kt. Bern. Bern, Historisches Museum.
98/99 (oben) Teile des Werkzeugdepots eines Grobschmiedes vom Nikolausberg bei Golling (Salzburg), um 400 v. Chr. Golling, Heimathaus. Photo: Editions Fabbri-Bompiani, Mailand.
98/99 (unten) Werkzeuge der Eisenzeit aus Ungarn. Photo: Gamma/E. Brissaud, Paris.
100 (oben) Oppidum von Villeneuve-St-Germain. Zeichnung von B. Lambot. Photo: Bernard Lambot.
100/101 Rasiermesser und Scheren von La Tène, 3. Jahrhundert v. Chr. Neuchâtel, Musée Cantonal d'Archéologie. Photo: Editions Fabbri-Bompiani, Mailand.
101 (oben) Experimentelle Rekonstruktion einer keltischen Siedlung bei Quin (Irland).
101 (Mitte) Rekonstruktionszeichnung eines keltischen Töpferofens von Sissach (Kanton Berner Land, Schweiz). Photo: Dagli Orti, Paris.

Fünftes Kapitel

102 Detail eines Pfeilers mit Kopfplastiken aus dem Heiligtum von Entremont, 2. Jahrhundert v. Chr. Musée d'Aix-en-Provence. Photo: Gamma/ E. Brissaud, Paris.

103 Götterstatue von Saint-Maur-en-Chaussée (Oise), 1. Jahrhundert v. Chr. Beauvais, Musée départemental de l'Oise. Photo: Dagli Orti, Paris.

104 u. 105 Opferschächte von Bernard-en-Vendée. Querschnittrekonstruktion. Photo: Tallandier, Paris.

104 (unten) Holzstatuette aus Fellbach-Schmiden, 2. Jahrhundert v. Chr. Landesdenkmalamt Baden-Württemberg.

104/105 Eiserne, rituell verbogene Schwertklingen aus dem Heiligtum von Gournay-sur-Aronde (Oise), 3. Jahrhundert v. Chr. Compiègne, Musée Antoine Vivenel. Photo: Editions Fabbri-Bompiani, Mailand.

106 Vollständiges Pferdeskelett. Côte-d'Or, Ausgrabung von J.-M. Mangui. Photo: Centre archéologique de Compiègne/Patice Mériel.

106/107 Luftaufnahme des Heiligtums von Ribemont-sur-Ancre (Somme). Photo: R. Agache.

107 Symetrische Anhäufung von menschlichen Langknochen in Ribemont-sur-Ancre, Situation während der Ausgrabungen von J.-L. Cadoux. Photo: Centre de recherche archéologique, Université d'Amiens/J.-L. Cadoux.

108 (links) Steinplastik eines Kopfes mit aufgelegter Hand aus dem Heiligtum von Entremont (Bouches-du-Rhône), 2. Jahrhundert v. Chr. Musée d'Aix-en-Provence. Photo: Gamma/E. Brissaud, Paris.

108 (rechts) Skulptur eines Kriegers im Schneidersitz aus dem Heiligtum von Entremont, 2. Jahrhundert v. Chr. Musée d'Aix-en-Provence.

109 (oben) Mit stilisierten Köpfen verzierter Pfeiler aus dem Heiligtum von Entremont. Musée d'Aix-en-Provence. Photo: Editions Fabbri-Bompiani, Mailand.

109 (unten) Pfeiler mit einem Schädel aus dem Heiligtum von Roquepertuse, 3. Jahrhundert v. Chr. Marseille, Musée de la Vieille Charité. Photo: Camille Julian/CNRS, Aix-en-Provence.

110 Goldene Miniatur eines Schiffes aus dem Schatz von Broighter (Irland), 1. Jahrhundert v. Chr. Dublin, National Museum of Ireland.

110/111 Holzstatuen als Weihegaben von der Quelle der Seine (Côte-d'Or), 1. Jahrhundert v. Chr. Dijon, Musée Archéologique. Photo: E. Lessing/Magnum.

111 Bronzefigur einer Tänzerin aus Neuvy-en-Sullias (Loiret) aus dem 1. Jahrhundert v. Chr. Orléans, Musée historique d'Orléanais.

112 Kultbäumchen aus Holz, Bronze und Gold aus dem Gebiet des Oppidums von Manching (Bayern), 3. Jahrhundert v. Chr. München, Prähistorische Staatssammlung. Photo: Claus Hansmann.

112/113 Keltische Goldmünzen („Regenbogenschüsselchen") aus Bayern. Ebenda.

113 Kalksandsteinsäule eines Gottes von Euffigneix (Haute-Marne), 1. Jahrhundert n. Chr.

St.-Germain-en-Laye, Musée des Antiquités Nationales. Photo: Réunion des Musées Nationaux, Paris.

114 Detail des Pariser Nautenpfeilers mit der Darstellung des Gottes Esus. Stich. Paris, Bibliothèque Nationale.

114/115 Steinskulptur zweier am Hinterkopf vereinigter Köpfe: sogenannter zweiköpfiger Hermes. Roquepertuse (Bouches-du-Rhône), 4. Jahrhundert v. Chr. Marseille, Musée Borély. Photo: Gamma/ E. Brissaud, Paris.

115 Bronzestatuette der Bärengöttin Artio, gefunden in Muri (Schweiz). Bern, Historisches Museum.

116/117 Der Silberkessel v. Gundestrup (Jütland/ Dänemark), 1. Jahrhundert v. Chr. (Gesamtansicht und Ausschnitte). Kopenhagen, Nationalmuseum. Photo: Archiv für Kunst und Geschichte, Berlin.

118 (oben links und unten rechts) Der Pfeiler der Pariser Binnenschiffer. Die Ausschnitte zeigen Darstellungen der Götter Tarvos Trigaranus und Cernunnos. Stich. Paris, Bibliothèque Nationale, Paris.

118/119 Das Schneiden der Mistel. Kolorierter Stich aus dem 19. Jahrhundert. Photo: Karbine/ Tapabor, Paris.

Sechstes Kapitel

120 „Book of Kells": Chi-Rho-Seite des Matthäus-Evangeliums. Dublin, Trinity College. Photo: Bridgeman, London.

121 Statuette eines „Gottes mit der Leier" von Saint-Symphorien-en-Paule bei Saint-Brieuc (Côtes-d'Armor). Saint-Brieuc, Nouveau Musée.

122 Das Steinkreuz von Dorty in Kilfenora (Irland), 12. Jahrhundert n. Chr. Photo: Editions Gallimard, Paris.

123 (oben) Das „Book of Durrow" mit einer Darstellung des heiligen Matthäus, 7. Jahrhundert n. Chr. Dublin, Trinity College. Photo: Giraudon, Paris.

123 (unten) Detail der sogenannten „Tarafibel" von Bettystown (Irland), 7. Jahrhundert n. Chr. Dublin, National Museum of Irland. Photo: Bridgeman, London.

124 Detail einer juristische Handschrift des 8. Jhs. über die Rechte der Frauen mit Ergänzungen des 12. Jahrhunderts. Dublin, Trinity College. Photo: Editions Gallimard, Paris.

124/125 Luftaufnahme der Pferdefigur von Uffington (England). Photo: Rapho/Geister.

125 Historisierende Darstellung keltischer Barden und Krieger. Lithographie von Herbé.

126 (oben) Druiden verbrennen ihre Opfer in der aus Korb geflochtenen Nachbildung eines Menschen. Standphoto aus dem Film von Robin Hardy: „The Wicker Man" von 1973. Photo: Editions Gallimard, Paris

126 (unten) Illustration von Menschenopfern bei den Galliern. Ausschnitt aus „Britannia Antiqua Illustrata" von Aylett Sammes (1676). Photo: Editions Gallimard, Paris.

127 Anne-Louis Girodet-Trioson: Apotheose der französischen Heroen, die für das Vaterland im

Freiheitskampf gefallen sind. Gemälde von 1800, Öl auf Leinwand. Salon doré de la Malmaison. Photo: Réunion des Musées Nationaux, Paris.

128 Attasche der Bronzeschnabelkanne von Waldalgesheim (Kr. Mainz-Bingen), 4. Jahrhundert v. Chr. Bonn, Rheinisches Landesmuseum. Photo: E. Lessing / Magnum.

Zeugnisse und Dokumente

129 Detail eines anthropomorphen Schwertgriffs von Tesson (Charente-Maritime), 1. Jahrhundert v. Chr. St.-Germain-en-Laye, Musée des Antiquités Nationales.

130 Anthropomorphe Sandsteinstele aus dem keltischen Gräberfeld von Rottenburg am Neckar (Baden-Württemberg). Photo: Gamma, E. Brissaud, Paris.

134 Mann mit Hakenpflug auf der Situla von der Certosa bei Bologna. Umzeichnung nach Herbert Jankuhn: Deutsche Agrargeschichte, Bd. 1: Vor- und Frühgeschichte vom Neolithikum bis zur Völkerwanderungszeit, Stuttgart 1969.

136 Größenvergleich keltischer Pferde mit rezenten und wilden Formen. Skalierung nach den Angaben von Angela von den Driesch: Haustierhaltung und Jagd bei den Kelten in Süddeutschland, aus: Das keltische Jahrtausend, Mainz 1993.

138 Mengenanteile wichtiger Kulturpflanzen vom Neolithikum bis zum Mittelalter in Mitteleuropa nach den Angaben von Stefanie Jacomet-Engel: Agrargeschichte im Überblick: Von den Anfängen bis zur Dreifelderwirtschaft, aus: Technik und Wirtschaft in ur- und frühgeschichtlicher Zeit. Einführungskurse in die ur- und frühgeschichtliche Archäologie der Schweiz 3, Bern 1983.

140 Größenvergleich keltischer Rinder mit rezenten und wilden Formen. Skalierung nach den Angaben von Angela von den Driesch (s. oben).

141 Fleischverzehr der Kelten nach den Angaben von Angela von den Driesch (s. oben).

143 Ausschnitt des Dioramas im Heuneburgmuseum von Herbertingen-Hundersingen. Photo: C. Roden.

144 Vereinfachte Übersichtsskizze des Eisenerztagebaus am Michelsberg bei Kelheim nach Jahresbericht der Bayerischen Bodendenkmalpflege 6/7, 1965/66.

145 Schwert mit eiserner Klinge und bronzenem Schwertgriff von Tesson (Charente-Maritime), 1. Jahrhundert v. Chr. St.-Germain-en-Laye, Musée des Antiquités Nationales.

147 Detail eines der goldenen Halsringe von Erstfeld (Kanton Uri), um 300 v. Chr. Zürich, Schweizerisches Landesmuseum. Photo: Gamma / E. Brissaud, Paris.

148 Goldstater der Arverner. Paris, Bibliothèque Nationale, Cabinet des Monnaies et Medailles. Photo: Tallandier, Paris.

153 Trepaniersäge, Wundhaken und chirurgische Nadel aus einem Grab von Kis Köszeg, Ungarn,

2. – 1. Jahrhundert v. Chr. Umzeichnung nach Antje Krug: Heilkunst und Heilkult, München 1985.

155 Illustration des Transports von Zinnbarren, Stich aus dem 19. Jahrhundert.

156 Ausgrabungsarbeiten in Hallstatt. Photo: G. Weisgerber, Bochum.

158 Goldener Halsring von Mailly-le-Champ (Aube), Frankreich. St.-Germain-en-Laye, Musée des Antiquités Nationales. Photo: Tallandier, Paris.

159 Goldener Armring von Fenouillet (Haute-Garonne), Frankreich. Toulouse, Musée Saint-Raymond. Photo: J. Dieuzaide.

161 Goldschmuck aus dem Grab von Waldalgesheim. Bonn, Rheinisches Landesmuseum. Photo: Gamma / E. Brissaud, Paris.

162 Spiralnadeln aus einem reichen Grab vom Dürrnberg bei Hallein, Österreich. Photo: K. W. Zeller, Hallein.

163 Tabelle der Altersverteilung nach den Angaben von Ilse Schwidetzky.

165 Steinstatue des sog. „Kriegers von Hirschlanden". Stuttgart, Württembergisches Landesmuseum. Photo (einer Nachbildung): C. Roden.

167 Versammlung der keltischen Führer im Wald der Carnuten. Radierung von G. Durand (1868). Photo: Roger-Viollet, Paris.

171 Ein Druide in Ausübung seines Amtes. Stich von Gustave Doré.

173 Druiden schneiden Misteln. Stich aus dem 19. Jahrhundert.

174 Eisenzeitliche Stele von Saint-Anne-en-Tregastel (Côtes-d'Armor), Frankreich. Photo: C. Roden.

178 Fragment einer Bronzetafel mit einem Kalender aus dem 2./1. Jh. v. Chr., entdeckt in Coligny. St.-Germain-en-Laye, Musée des Antiquités Nationales. Photo: Tallandier, Paris.

187 Löffel für rituelle Zwecke aus Bronze (Irland), 1. Jh. n. Chr. National Museum of Ireland, Dublin.

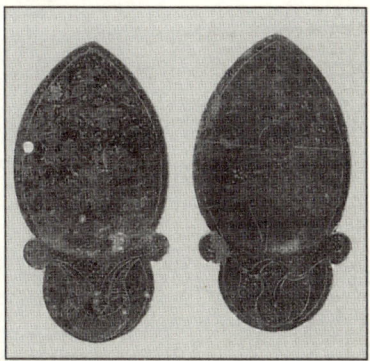

Register

Inhalt